INFIRMIER(E) DE L'ÉDUCATION NATIONALE ET DE L'ENSEIGNEMENT SUPÉRIEUR

NOUVELLE ÉDITION REVUE ET AUGMENTÉE

Badia Jabrane

Ouvrage dirigé par Laurence Brunel

GROUPE
Studyrama

Le groupe Studyrama, partenaire de votre avenir.

En tant qu'acteur référent du monde de l'orientation et de l'aide à la réussite aux examens et aux concours, notre vocation est de vous accompagner et de vous conseiller tout au long de votre parcours étudiant et professionnel.

Convaincus que la formation est la clé de votre employabilité, nous avons créé un écosystème pertinent pour vous aider dans les décisions déterminantes pour votre avenir.
• Chaque année, nos 140 salons permettent à plus de 500 000 jeunes de trouver la formation et l'établissement qui les mèneront vers la réussite.
• 4,5 millions de lycéens, étudiants et professionnels trouvent chaque mois, sur nos sites web et applis, les réponses à leurs questions grâce à des contenus d'experts sur l'orientation, la formation, les révisions, l'évolution de carrière, l'efficacité professionnelle...
• Nos ouvrages, rédigés par les meilleurs spécialistes, facilitent le choix d'orientation de nos lecteurs et apportent un soutien efficace dans la préparation des concours et des examens.
• Le service d'accompagnement sur-mesure de notre réseau de conseillers d'orientation tonavenir.net guide des milliers de jeunes afin qu'ils trouvent la voie du succès.

Notre démarche est fondée sur trois objectifs majeurs : fournir une information de qualité et actualisée, créer les rencontres décisives pour votre évolution et vous offrir les meilleurs conseils d'experts et services personnalisés.

Et comme c'est ensemble que nous avançons, nous sommes à votre écoute permanente pour optimiser nos produits et nos offres, afin d'être le partenaire de votre avenir à chaque étape de votre vie !

Pour découvrir l'univers de Studyrama :
Le site référent de l'orientation : studyrama.com
L'agenda de nos 140 salons : studyrama.com/salons
Nos conseillers d'orientation dans toute la France : tonavenir.net
Nos maisons d'édition : librairie.studyrama.com

Pour nous contacter : info@studyrama.com

PARTIE V

CADRE RÉGLEMENTAIRE DU CONCOURS D'INFIRMIER(E) DE L'ÉDUCATION NATIONALE ET DE L'ENSEIGNEMENT SUPÉRIEUR

PARTIE I

Les concours d'infirmier(e) de l'Éducation nationale et de l'Enseignement supérieur sont des **concours de type déconcentré**.

Comparaison entre concours national et concours déconcentré

	CONCOURS NATIONAL	CONCOURS DÉCONCENTRÉ
Public concerné	**Administratifs** (concours interne d'attaché pour l'Éducation nationale et l'Enseignement supérieur)	**Administratifs** (adjoint administratif, secrétaire administratif)
	Sociaux (concours interne de conseiller technique de service social)	**Sociaux** (assistant(e) de service social)
	Santé (concours de médecin de l'Éducation nationale)	**Santé** (infirmier de l'Éducation nationale et de l'Enseignement supérieur)
Qui organise ?	Le ministère de l'Éducation nationale	Les recteurs d'académie et les vice-recteurs **en fonction de leurs besoins**
Lieu de l'épreuve écrite	Localement dans l'académie d'inscription	
Lieu de l'épreuve orale	À Paris	Localement dans l'académie d'inscription **Les affectations des lauréats ne sont prononcées que dans l'académie ou le vice-rectorat d'inscription**
Inscription au concours	Septembre	Premier trimestre de chaque année

Les infirmiers travaillant dans les administrations de l'État sont, depuis le 1er juin 2012, des agents de la catégorie A.

1 | CONDITIONS D'ACCÈS

CONDITIONS GÉNÉRALES

Liées au statut de la fonction publique :

- posséder la nationalité française ou être citoyen de l'Espace économique européen (EEE) ou suisse. Toutefois aucune condition de nationalité n'est exigée d'un agent non titulaire. Il doit être titulaire d'un titre de séjour l'autorisant à travailler en France ;

- avoir ses droits civiques (droit de vote, d'élection et d'éligibilité) et avoir un casier judiciaire vierge (bulletin n° 2 du casier judiciaire) ;

- être à jour du service national : être recensé et justifier de la Journée de défense et de citoyenneté ;

- avoir une bonne aptitude physique sans contre-indication médicale.

Il faut préciser qu'il n'y a aucune limite d'âge.

CONDITIONS SPÉCIFIQUES

Le concours est ouvert aux candidats possédant :

- l'un des titres de formation, certificats ou diplômes mentionnés aux articles L. 4311-3 et L. 4311-5 du code de la santé publique (titre de formation d'infirmier responsable des soins généraux ; diplôme d'État d'infirmier de secteur psychiatrique) ;

- une autorisation d'exercer la profession d'infirmier délivrée en application de l'article L. 4331-4 du même code.

2| MISSIONS DE L'INFIRMIER(E) DE L'ÉDUCATION NATIONALE

Elles sont explicitées à l'article 2[1] du décret portant statut des infirmier(e)s de l'Éducation nationale. Pour les synthétiser, nous pouvons distinguer quatre types de champ d'action.

EN SANTÉ PRIMAIRE

L'infirmier(e) participe à la mise en œuvre de la politique de santé de l'Éducation nationale, et notamment aux actions destinées à prévenir toute altération de la santé des élèves, et/ou des étudiants.

EN SANTÉ SECONDAIRE

L'infirmier(e) effectue tous les actes professionnels sur prescription ou conseil médical liés à son champ de compétence et ceux liés au rôle propre qui lui est dévolu. L'infirmier(e) est habilité à accomplir des soins d'urgence en se référant au protocole national sur l'organisation des soins et des urgences dans les établissements scolaires (janvier 2000)[2].

Il ou elle intervient auprès des élèves, de l'équipe pédagogique en cas d'événement grave ou traumatisant (cellule d'écoute ou de crise en partenariat avec le médecin scolaire).

EN SANTÉ TERTIAIRE

L'infirmier(e) contribue à l'intégration scolaire des enfants et des adolescents atteints de handicap ou atteints de trouble de la santé évoluant sur une longue période. Il ou elle participe aux actions d'éducation liées à la pathologie dont souffre l'enfant ou l'adolescent (actions individuelles). Il ou elle développe une dynamique d'éducation à la santé en menant des actions collectives à partir des directives nationales, à la demande de l'équipe pédagogique ou des étudiants. Les thèmes peuvent porter sur la consommation de produits addictifs, sur l'hygiène alimentaire, le sommeil, le stress...

1. www.legifrance.gouv.fr Décret n° 2012-762 du 9 mai 2012 portant dispositions statutaires communes aux corps d'infirmiers de catégorie A des administrations de l'État.
2. www.education.gouv.fr/bo/2000/hs1/default.htm Protocole national sur l'organisation des soins et des urgences dans les écoles et les établissements publics locaux d'enseignement (EPLE).

Ces actions de sensibilisation sont définies au sein du **Comité d'éducation à la santé et à la citoyenneté (CESC)** qui est présent dans les établissements publics, ou commun à plusieurs établissements.

EN TANT QUE PARTENAIRE DE L'ÉQUIPE PÉDAGOGIQUE

L'infirmier(e), par son rôle de professionnel de la santé, concourt aux côtés de l'équipe pédagogique à promouvoir et accompagner la réussite et l'épanouissement scolaires des élèves et étudiants. Il ou elle fait partie intégrante de la communauté éducative de l'établissement. L'infirmier(e) assure un rôle d'écoute et de soutien psychologique pour les élèves et étudiants dès lors qu'il y a une incidence sur leur santé, leur scolarité ou leur vie sociale.

L'infirmier(e) participe également à la commission d'hygiène et de sécurité (CHS) où il ou elle tient un rôle de conseiller. Il ou elle a un rôle de formateur aux gestes de premiers secours de niveau 1.

LA COMMISSION D'HYGIÈNE ET DE SÉCURITÉ

Ses compétences s'étendent à tout ce qui a trait à la sécurité et à l'hygiène : équipements, machines, locaux, plan de sécurité en cas de travaux, programme de formation et prévention des risques, suivi des registres (registre d'hygiène et de sécurité, de signalement d'un danger, document unique), suivi des visites de l'inspection du travail, de la commission consultative départementale de sécurité et d'accessibilité (CCDSA) en particulier. La commission d'hygiène et de sécurité peut aussi faire des propositions visant le bien-être au travail, l'aménagement des postes de travail, l'amélioration des conditions de travail dans l'établissement.

Les collègues volontaires pour participer à cette commission ont particulièrement une responsabilité d'alerte et de signalement, mais tout personnel peut aussi agir dans ces domaines.

Elle se compose ainsi :

- le chef d'établissement, président ;
- le gestionnaire ;
- le CPE siégeant au conseil d'administration ;
- un représentant de la collectivité territoriale de rattachement ;
- deux représentants du personnel au titre des personnels enseignants ;
- un représentant au titre des personnels administratifs, sociaux, de santé, techniques, ouvriers de service. Ce nombre est porté à deux dans les établissements de plus de 600 élèves ;
- deux représentants des parents d'élèves désignés au sein du conseil d'administration par les représentants des parents qui y siègent ;
- deux représentants des élèves désignés au sein du conseil des délégués des élèves par ces derniers.

3| CONCOURS D'INFIRMIER(E) DE L'ÉDUCATION NATIONALE ET DE L'ENSEIGNEMENT SUPÉRIEUR

■ LE PROFIL ATTENDU DU CANDIDAT

Ce profil englobe tous les aspects requis pour être infirmier(e) : maîtrise de soi, conscience professionnelle, déontologie, secret professionnel.

■ LES DATES DES CONCOURS

Elles dépendent des académies. Le candidat devra contacter l'académie où il souhaite s'inscrire pour obtenir les dates des concours. Généralement les inscriptions se font lors du premier trimestre de chaque année. L'épreuve écrite se déroule courant mars et l'épreuve orale courant mai.

■ DE L'INSCRIPTION AUX ÉPREUVES DU CONCOURS

Modalités d'inscription

Le candidat doit déposer un dossier de candidature complet qui doit contenir :

- une copie des titres et diplômes acquis ;

- un *curriculum vitae* détaillé indiquant les formations qu'il a suivies, les emplois qu'il a éventuellement occupés, les stages qu'il a effectués et, le cas échéant, la nature des activités et travaux de recherche qu'il a réalisés ou auxquels il a pris part.

À l'issue de la réception du dossier d'inscription du candidat, celui-ci reçoit une convocation qu'il doit présenter pour passer l'épreuve.

ATTENTION

Le défaut de réception de la convocation ne saurait engager la responsabilité de l'administration. Si vous n'avez pas reçu votre convocation **huit jours avant la date de début des épreuves, prenez contact avec le service dont votre centre dépend**.

LE CONCOURS CLASSIQUE

Recrutement

Le recrutement se fait par voie de concours sur titre et est organisé par les **recteurs d'académie et les vice-recteurs** sous forme de deux épreuves :

- une épreuve écrite d'admissibilité d'une durée de 3 heures, notée sur 20 points et de coefficient 1. Une note inférieure à 08/20 est éliminatoire ;

- une épreuve orale d'admission d'une durée de 30 minutes notée sur 20 points et de coefficient 2. Pour être admis, le candidat doit avoir une note supérieure ou égale à 10/20.

Résultats des concours

Après délibération, le jury dresse par ordre de mérite une liste principale avec les candidats admis en fonction des places ouvertes en pré-concours et, en même temps, il saisit une liste complémentaire.

LE CONCOURS RÉSERVÉ

Ce concours est ouvert aux agents non titulaires qui doivent remplir certaines conditions d'exercice :

- occuper un poste dans les services centraux ou déconcentrés, établissements publics ou autorité publique relevant du ministère de l'Éducation nationale et du ministère de l'Enseignement supérieur et de la Recherche ;

- avoir la possibilité d'accéder à l'emploi titulaire dans certains corps de fonctionnaires par la voie de recrutements spécifiques ;

- être un agent contractuel de droit public, en fonction ou en congés (prévus par le décret n° 86-83 du 17 janvier 1986) au 31 mars 2011 ou dont le contrat a cessé entre le 1er janvier et le 31 mars 2011.

Éligibilité

Sont éligibles aux recrutements réservés les personnels non titulaires suivants :

- les personnels qui remplissent les conditions d'accès au CDI au 13 mars 2012 avec une quotité de service égale ou supérieure à 70 % d'un temps complet (conditions définies aux articles 8 et 9 de la loi n° 2012-347 du 12 mars 2012) ;

- les personnels bénéficiant d'un CDI avec une quotité de service égale ou supérieure à 70 % d'un temps complet à la date du 31 mars 2011 (sur le fondement des articles 4 ou 6, 1er alinéa de la loi du 11 janvier 1984 dans sa rédaction antérieure à la loi du 12 mars 2012 ou du I de l'article 34 de la loi du 12 avril 2000) ;

- les personnels bénéficiant d'un CDD avec une quotité de service égale ou supérieure à 70 % d'un temps complet à la date du 31 mars 2011, pour répondre à un besoin permanent de l'administration (sur le fondement des articles 4, ou 6, 1er alinéa de la loi du 11 janvier 1984. Au moins deux années de services publics effectifs en équivalent temps plein doivent avoir été accomplies dans les quatre ans précédant le 31 mars 2011 et au moins quatre années doivent avoir été accomplies à la date de clôture des inscriptions) ;

- les personnels bénéficiant d'un CDD avec une quotité de service égale ou supérieure à 70 % d'un temps complet à la date du 31 mars 2011, pour répondre à un besoin temporaire (sur le fondement des articles 3, 9e alinéa ou 6, 2e alinéa de la loi du 11 janvier 1984. Au moins quatre années de services publics effectifs en équivalent temps plein doivent avoir été accomplies dans les cinq ans précédant le 31 mars 2011).

Conditions d'ancienneté

Le candidat doit justifier d'une certaine ancienneté de service auprès du même employeur. Pour en savoir plus sur ces conditions, vous pouvez vous reporter à la circulaire de la fonction publique du 26 juillet 2012[3] relative à la mise en œuvre du dispositif d'accès à l'emploi titulaire dans la fonction publique de l'État.

3. circulaire.legifrance.gouv.fr/pdf/2012/07/cir_35567.pdf

Les agents éligibles à ce dispositif de concours ne peuvent faire acte de candidature qu'à un seul recrutement réservé au titre d'une même session. En revanche, ils peuvent dans le même temps se présenter au concours de droit commun.

Épreuve du concours réservé

Elle comporte une seule épreuve orale d'admission qui permet de valider la reconnaissance des acquis de l'expérience professionnelle. Elle consiste en un entretien avec un jury d'une durée de 30 minutes visant à apprécier la personnalité du candidat, sa motivation, ses capacités à se situer dans un environnement professionnel et à exercer les fonctions normalement dévolues aux fonctionnaires du corps d'accueil du ministère concerné ainsi que les compétences acquises lors de son parcours professionnel.

Modalités de l'épreuve

Le candidat devra constituer un dossier de reconnaissance des acquis de l'expérience professionnelle (RAEP)[4]. Le candidat remet son dossier à une date fixée dans l'arrêté d'ouverture du concours. Le dossier de reconnaissance des acquis de l'expérience professionnelle n'est pas noté.

> La reconnaissance des acquis de l'expérience professionnelle (RAEP) est un mécanisme d'évaluation et de comparaison des savoirs, des compétences et aptitudes professionnelles, fondé sur des critères professionnels. L'évaluation des acquis de l'expérience permet à un jury de conclure à la capacité des personnes concernées à exercer de nouvelles fonctions et/ou responsabilités et de départager les candidats à un examen ou un concours au vu de ces critères.

Le site internet du ministère de l'Éducation nationale et de l'Enseignement supérieur a mis en ligne un modèle du dossier de reconnaissance des acquis de l'expérience professionnelle et le guide de remplissage ainsi que la fiche relative à l'emploi-référence d'infirmier du répertoire interministériel des métiers de l'État (RIME)[5].

L'épreuve débute par un exposé du candidat, d'une durée de dix minutes au plus, présentant son dossier de reconnaissance des acquis de l'expérience professionnelle et se poursuit par un échange

4. La loi du 2 février 2007 relative à la modernisation de la fonction publique.
5. www.sante.gouv.fr/IMG/pdf/guide_aide_remplissage_RAEP_v2-2.pdf

avec le jury portant sur les connaissances professionnelles acquises par le candidat. Le cas échéant, le jury peut demander au candidat son avis sur une situation pratique ou une problématique en lien avec la vie professionnelle.

Cette épreuve est notée sur 20 points.

LA RÉMUNÉRATION EN BRUT MENSUEL

En début de carrière, elle est de 2 037 euros (échelon 4). En fin de carrière, elle peut arriver jusqu'à 2 797 euros (échelon 11, hors classe)[6].

L'ÉVOLUTION DE CARRIÈRE

Après avoir atteint le 5e échelon avec neuf ans au moins de services effectifs en tant qu'infirmier de catégorie A ou dans un corps de militaire d'infirmiers de niveau équivalent, dont quatre années accomplies dans un des corps régis par le décret n° 2012-762 du 9 mai 2012, le professionnel peut être promu à la classe supérieure du grade d'infirmiers.

6. Données au 10 décembre 2012.

FICHES SANITAIRES ET SOCIALES

PARTIE II

Pour préparer efficacement et sereinement le concours d'infirmier(e) de l'Éducation nationale et de l'Enseignement supérieur, le candidat doit avoir un minimum de connaissances concernant l'exercice de la profession d'infirmier telle qu'elle est définie dans le programme fixé pour l'obtention du diplôme d'État d'infirmier. Le candidat est questionné dans le cadre des missions que sont amenés à remplir les infirmiers de l'Éducation nationale et de l'Enseignement supérieur.

Nous allons vous donner, sous forme de fiches récapitulatives, les principales matières sur lesquelles peuvent porter les épreuves. Le candidat doit savoir que ces données sont des prérequis pour un professionnel de la santé, vous devez donc accorder une grande partie de la préparation du concours à vous les réapproprier.

De plus, certains candidats ayant reçu une formation d'infirmier antérieure au référentiel infirmier de décembre 2009 doivent se familiariser avec ce nouveau dispositif pédagogique.

FICHE N° 1 | ARRÊTÉ DU 31 JUILLET 2009 RELATIF AU DIPLÔME D'ÉTAT D'INFIRMIER[1], VERSION MODIFIÉE AU 26 JANVIER 2020

Les modifications effectuées au 26 janvier 2020 portent essentiellement sur les modalités d'accès à la formation en soins infirmiers :

- la suppression du concours de sélection ;
- l'inscription *via* la plateforme Parcoursup.

DÉFINITION DU MÉTIER D'INFIRMIER

L'arrêté du 31 juillet 2009 relatif au diplôme d'État d'infirmier, version consolidée au 26 janvier 2020, définit ainsi le métier d'infirmier : « *Évaluer l'état de santé d'une personne et analyser les situations de soins ; concevoir et définir des projets de soins personnalisés ; planifier des soins, les prodiguer et les évaluer ; mettre en œuvre des traitements. Les infirmiers dispensent des soins de nature préventive, curative ou palliative, visant à promouvoir, maintenir et restaurer la santé. Ils contribuent à l'éducation à la santé et à l'accompagnement des personnes ou des groupes dans leur parcours de soins en lien avec leur projet de vie. Les infirmiers interviennent dans le cadre d'une équipe pluri-professionnelle, dans des structures et à domicile, de manière autonome et en collaboration.* »

APPRENTISSAGE POUR ACQUÉRIR DIX COMPÉTENCES

Cinq compétences « cœur de métier »	Cinq compétences « transverses »
Évaluer une situation clinique et établir un diagnostic dans le domaine des soins infirmiers	Communiquer et conduire une relation dans un contexte de soins
Concevoir et conduire un projet de soins infirmiers	Analyser la qualité des soins et améliorer sa pratique professionnelle
Accompagner une personne dans la réalisation de ses soins quotidiens	Rechercher et traiter des données professionnelles et scientifiques
Mettre en œuvre des actions à visée diagnostique et thérapeutique	Organiser et coordonner des interventions soignantes
Initier et mettre en œuvre des soins éducatifs et préventifs	Informer et former des professionnels et des personnes en formation

1. www.legifrance.gouv.fr/affichTexte.do?cidTexte=JORFTEXT000020961044

PROGRAMME DE FORMATION[2]

Dans le tableau ci-dessous, vous allez retrouver l'intitulé des unités d'enseignement lors de la formation en soins infirmiers. Les unités figurant en gras sont les unités qui sont souvent interrogées lors de l'épreuve écrite. Vous devez donc les reprendre attentivement. Ces thématiques en gras, vous les retrouverez dans nos fiches sanitaires et sociales.

1 : SCIENCES HUMAINES, SOCIALES ET DROIT	UE 1.1.S1 PSYCHOLOGIE, SOCIOLOGIE, ANTHROPOLOGIE
	UE 1.1.S2 PSYCHOLOGIE, SOCIOLOGIE, ANTHROPOLOGIE
	UE 1.2.S2 SANTÉ PUBLIQUE ET ÉCONOMIE DE LA SANTÉ
	UE 1.2.S3 SANTÉ PUBLIQUE ET ÉCONOMIE DE LA SANTÉ
	UE 1.3.S1 LÉGISLATION, ÉTHIQUE, DÉONTOLOGIE
	UE 1.3.S4 LÉGISLATION, ÉTHIQUE, DÉONTOLOGIE

2. Pour aller plus loin : *Diplôme d'État d'infirmier*, *Toutes les UE* par semestre, ouvrages de Badia Jabrane parus aux éditions Studyrama.

2 : SCIENCES BIOLOGIQUES ET MÉDICALES	UE 2.1.S1 BIOLOGIE FONDAMENTALE
	UE 2.2.S1 CYCLES DE LA VIE ET GRANDES FONCTIONS
	UE 2.3.S2 SANTÉ, MALADIE, HANDICAP, ACCIDENTS DE LA VIE
	UE 2.4.S1 PROCESSUS TRAUMATIQUES
	UE 2.5.S3 PROCESSUS INFLAMMATOIRES ET INFECTIEUX
	UE 2.6.S2 PROCESSUS PSYCHOPATHOLOGIQUES
	UE 2.6.S5 PROCESSUS PSYCHOPATHOLOGIQUES
	UE 2.7.S4 DÉFAILLANCES ORGANIQUES ET PROCESSUS DÉGENÉRATIFS
	UE 2.8.S3 PROCESSUS OBSTRUCTIFS
	UE 2.9.S5 PROCESSUS TUMORAUX
	UE 2.10.S1 INFECTIOLOGIE HYGIÈNE
	UE 2.11.S1 PHARMACOLOGIE ET THÉRAPEUTIQUES
	UE 2.11.S3 PHARMACOLOGIE ET THÉRAPEUTIQUES
	UE 2.11.S5 PHARMACOLOGIE ET THÉRAPEUTIQUES

3 : SCIENCES ET TECHNIQUES INFIRMIÈRES, FONDEMENTS ET MÉTHODES	UE 3.1.S1 RAISONNEMENT ET DÉMARCHE CLINIQUE INFIRMIÈRE UE 3.1.S2 RAISONNEMENT ET DÉMARCHE CLINIQUE INFIRMIÈRE **UE 3.2.S2 PROJET DE SOINS INFIRMIERS** **UE 3.2.S3 PROJET DE SOINS INFIRMIERS** **UE 3.3.S3 RÔLES INFIRMIERS, ORGANISATION DU TRAVAIL ET INTERPROFESSIONNALITÉ** **UE 3.3.S5 RÔLES INFIRMIERS, ORGANISATION DU TRAVAIL ET INTERPROFESSIONNALITÉ** UE 3.4.S4 INITIATION À LA DÉMARCHE DE RECHERCHE UE 3.4.S6 INITIATION À LA DÉMARCHE DE RECHERCHE UE 3.5.S4 ENCADREMENT DE PROFESSIONNELS DE SOINS

4 : SCIENCES ET TECHNIQUES INFIRMIÈRES, INTERVENTIONS	UE 4.1.S1 SOINS DE CONFORT ET DE BIEN ÊTRE **UE 4.2.S2 SOINS RELATIONNELS** **UE 4.2.S3 SOINS RELATIONNELS** **UE 4.2.S5 SOINS RELATIONNELS** **UE 4.3.S2 SOINS D'URGENCES** **UE 4.3.S4 SOINS D'URGENCES** UE 4.4.S2 THÉRAPEUTIQUES ET CONTRIBUTION AU DIAGNOSTIC MÉDICAL UE 4.4.S4 THÉRAPEUTIQUES ET CONTRIBUTION AU DIAGNOSTIC MÉDICAL UE 4.4.S5 THÉRAPEUTIQUES ET CONTRIBUTION AU DIAGNOSTIC MÉDICAL UE 4.5.S2 SOINS INFIRMIERS ET GESTION DES RISQUES UE 4.5.S4 SOINS INFIRMIERS ET GESTION DES RISQUES **UE 4.6.S3 SOINS ÉDUCATIFS ET PRÉVENTIFS** **UE 4.6.S4 SOINS ÉDUCATIFS ET PRÉVENTIFS** UE 4.7.S5 SOINS PALLIATIFS ET DE FIN DE VIE UE 4.8.S6 QUALITÉ DES SOINS ÉVALUATION DES PRATIQUES

5 : INTÉGRATION DES SAVOIRS ET POSTURE PROFESSIONNELLE INFIRMIÈRE	UE 5.1.S1 ACCOMPAGNEMENT DANS LA RÉALISATION DES SOINS QUOTIDIENS **UE 5.2.S2 ÉVALUATION D'UNE SITUATION CLINIQUE** **UE 5.3.S3 COMMUNICATION, CONDUITE DE PROJET** **UE 5.4.S4 SOINS ÉDUCATIFS, FORMATION DES PROFESSIONNELS ET DES STAGIAIRES** UE 5.5.S5 MISE EN ŒUVRE DES THÉRAPEUTIQUES ET COORDINATION DES SOINS UE 5.6.S6 ANALYSE DE LA QUALITÉ ET TRAITEMENT DE DONNÉES SCIENTIFIQUES ET PROFESSIONNELLES UE 5.7 UE OPTIONNELLE UE 5.8 STAGE PROFESSIONNEL
6 : MÉTHODES DE TRAVAIL	UE 6.1 MÉTHODES DE TRAVAIL ET TIC UE 6.2 ANGLAIS

OBJECTIFS ET PRINCIPES DE LA FORMATION

Les principaux objectifs de la formation en soins infirmiers concourent à :

- répondre aux besoins de santé ;

- professionnaliser le parcours des étudiants (construction progressive de ses compétences) ;

- l'autonomisation, la responsabilisation et la réflexivité de l'étudiant (analyse des situations et mise en œuvre d'interventions adaptées) ;

- la mise en place d'un portfolio de l'étudiant (outil de suivi de l'étudiant) ;

- développer une éthique professionnelle.

« *Exercés au raisonnement clinique et à la réflexion critique, les professionnels ainsi formés seront compétents, capables d'intégrer plus rapidement de nouveaux savoirs et sauront s'adapter à des situations variées.* »

Les principes de la formation sont au nombre de trois :

- **comprendre** : l'étudiant acquiert les savoirs et savoir-faire nécessaires à la compréhension des situations ;

- **agir** : l'étudiant mobilise les savoirs et acquiert la capacité d'agir et d'évaluer son action ;

- **transférer** : l'étudiant conceptualise et acquiert la capacité de transposer ses acquis dans des situations nouvelles.

Ces principes sont enseignés par **la posture réflexive** et suivis grâce au **portfolio de l'étudiant**.

DURÉE DE LA FORMATION

Enseignements théoriques	Enseignements pratiques	Travail personnel	Travaux dirigés, suivi pédagogique
1 800 heures	2 100 heures	900 heures	300 heures
Total : 5 100 heures sur six semestres, soit trois ans			

SYSTÈME LMD (LICENCE MASTER DOCTORAT)

Le système de notation universitaire permet l'attribution de crédits conformément au système européen de transferts de crédits *European Credits Transfert System* (ECTS). Chaque semestre de formation permet d'acquérir 30 ECTS. Le diplôme d'État d'infirmier valide l'obtention de 180 crédits européens.

Pour aller plus loin : www.sante.gouv.fr/IMG/pdf/arrete_du_31_juillet_2009.pdf

LA POURSUITE D'ÉTUDES : LE NOUVEAU MASTER IPA (INFIRMIER EN PRATIQUE AVANCÉE)

Le décret n° 2018-633 du 18 juillet 2018 relatif au diplôme d'État d'infirmier en pratique avancée cadre les compétences et le champ d'action de l'IPA. Il précise également les spécialités pour lesquelles l'IPA est autorisé à pratiquer.

Modalités d'accès

L'infirmier souhaitant s'orienter vers le master IPA doit comptabiliser trois années d'activité professionnelle. Pour effectuer la formation d'IPA, l'infirmier devra s'inscrire dans une université qui forme à ce type de master. Actuellement, de nombreuses universités proposent ce type de diplôme. C'est une formation qui doit être suivie à temps plein. Il faut interroger l'université pour savoir si la spécificité de spécialité souhaitée par l'étudiant est enseignée (pathologies chroniques stabilisées ; prévention et polypathologies courantes en soins primaires ; oncologie et hémato-oncologie ou encore maladie rénale chronique, dialyse, transplantation rénale).

Coût du master IPA

Le calendrier des inscriptions, les frais de scolarité ainsi que les modalités de recrutement sont librement fixés par chaque université. À titre indicatif, les tarifs pour une année peuvent être les suivants.

- Tarif prise en charge employeur/OPCO : 300 + 5 000 euros
- Tarif en autofinancement : 300 + 1 800 euros
- Tarif en formation initiale : 243 euros

Aides de prise en charge à la formation IPA :

- dans le cadre de la prise en charge financière en formation professionnelle continue ;
- dans la continuité des démarches déjà engagées et pour encourager le déploiement de la pratique avancée, les agences régionales de santé (ARS) prévoient de soutenir la formation des infirmiers libéraux. Ce financement s'inscrit dans le cadre du Fonds d'intervention régional (FIR), d'un montant maximum de 10 600 euros par année de formation. Il vise à contribuer aux frais de remplacement des infirmiers libéraux durant leur formation. Ce montant pourra être attribué après examen des dossiers de demandes de financement des infirmiers libéraux, adressés à l'ARS.

Les compétences et champ d'action de l'IPA

« Art. R. 4301-1. – L'infirmier exerçant en pratique avancée dispose de compétences élargies, par rapport à celles de l'infirmier diplômé d'État, validées par le diplôme d'État d'infirmier en pratique avancée délivré par les universités dans les conditions définies aux articles D. 636-73 à D. 636-81 du code de l'éducation. Il participe à la prise en charge globale des patients dont le suivi lui est confié par un médecin, conformément aux dispositions de l'article L. 4301-1 du présent code. La conduite diagnostique et les choix thérapeutiques sont définis par ce médecin et mis en œuvre dans les conditions définies au présent article ainsi qu'aux articles R. 4301-2 à R. 4301-7 et D. 4301-8. Dans le respect du parcours de soins du patient coordonné par le médecin traitant mentionné à l'article L. 162-5-3 du code de la sécurité sociale, l'infirmier exerçant en pratique avancée apporte son expertise et participe, en collaboration avec l'ensemble des professionnels concourant à la prise en charge du patient, à l'organisation des parcours entre les soins de premier recours, les médecins spécialistes de premier ou deuxième recours et les établissements et services de santé ou médico-sociaux. »

FICHE N° 2 | TEXTES LÉGISLATIFS RELATIFS AUX DROITS DES USAGERS DE LA SANTÉ

Le candidat doit connaître les différents textes législatifs référencés ci-dessous ainsi que leurs dates de parution. Ces éléments théoriques classés chronologiquement permettront au candidat de mieux appréhender les questions lors de l'épreuve écrite. Pour chaque contenu réglementaire, nous avons synthétisé les idées principales à retenir.

Le droit des patients

1789 (26 août)	La Déclaration des droits de l'homme et du citoyen.
1948	La Déclaration universelle des droits de l'homme.
1950	La Convention européenne des droits de l'homme ou Convention de sauvegarde des droits de l'homme et des libertés fondamentales.
1974 (14 janvier)	Le décret n° 74-27 relatif aux règles de fonctionnement des centres hospitaliers et des hôpitaux locaux. La charte du malade hospitalisé : concept du malade « objet de soins » au malade « sujet de soins ».
1995 (6 mai)	La circulaire DGS/DH/95 n° 22, relative aux droits des patients hospitalisés : la charte du patient hospitalisé.
1997 (4 avril)	La Convention sur les droits de l'homme et la biomédecine.
2002 (19 février)	La circulaire DHOS/O 2/DGS/SD 5 D n° 2002, relative à l'organisation des soins palliatifs et de l'accompagnement (non parue au *JO*), en application de la loi n° 99-477 du 9 juin 1999, visant à garantir le droit à l'accès aux soins palliatifs.
2004 (6 août)	La loi relative à la bioéthique.
2004 (9 août)	La loi relative à la politique de santé publique : la participation des usagers aux politiques publiques de santé et la création de la Commission nationale d'agrément des associations.
2005 (22 avril)	La loi de Leonetti relative aux droits des malades et à la fin de vie : droit de refus du patient d'être soigné, organisation des situations particulières des personnes en fin de vie et des personnes hors d'état d'exprimer leur volonté ; notion de directives anticipées.

2009 **(21 juillet)** **www.legifrance.gouv.fr**	La loi n° 2009-879 portant réforme de l'hôpital et relative aux patients, à la santé et aux territoires (HPST) : garantir un égal accès des personnes à des soins sûrs et de qualité, faciliter et rendre plus lisible le parcours de soins en créant des passerelles entre la prise en charge des patients en ville et à l'hôpital, la prévention et le secteur médico-social ; la lutte contre toute forme de discrimination susceptible d'entacher l'égalité d'accès aux soins : à travers le dispositif d'encadrement des dépassements d'honoraires par les médecins, d'une part, et la lutte contre le refus de soigner que des professionnels de santé opposent à certaines personnes malades, d'autre part.
2016 **(2 février)**	Loi Claeys-Leonetti : • les directives anticipées du patient sont renforcées et deviennent contraignantes aux médecins. • le droit du patient à la sédation profonde et continue jusqu'au décès (SPCD). • la nutrition et l'hydratation sont assimilées également comme des traitements et donc elles peuvent être stoppées en cas d'obstination déraisonnable. Cette loi complémentaire à celle de 2005, vient renforcer les droits des patients. • la création du Centre national des soins palliatifs et de la fin de vie.

Le droit des enfants

1983 **(1er août)** **circulaire.legifrance.gouv.fr**	Circulaire n° 83-24 relative à l'hospitalisation des enfants.
1988	Charte de l'enfant hospitalisé : le droit aux meilleurs soins possibles est un droit fondamental, particulièrement pour les enfants (UNESCO).
1989 **(20 novembre)**	Convention internationale des droits de l'enfant par l'ONU : les droits de l'enfant sont exprimés clairement
1996 **(25 janvier)**	Convention européenne sur l'exercice du droit des enfants : protection de l'intérêt de l'enfant.
1998 **(17 juin)**	Loi n° 98-468 relative à la prévention et à la répression des infractions sexuelles ainsi qu'à la protection des mineurs.
2000 **(6 mars)** **www.legifrance.gouv.fr**	Loi n° 2000-196 instituant un défenseur des enfants, autorité indépendante.

2002 (4 mars) http://admi.net	Loi n° 2002-305 relative à l'autorité parentale.
2004 (2 janvier)	Loi n° 2004-1 relative à l'accueil et à la protection de l'enfance.
2015 (février)	proposition de loi d'Alain Claeys et Jean Leonetti créant de nouveaux droits en faveur des malades et des personnes en fin de vie : • article 3 : possibilité pour un patient souhaitant bénéficier d'une sédation profonde de mourir à domicile ; • article 4 bis (nouveau) : présentation annuelle par les agences régionales de santé d'un recueil de données établissant un bilan de la politique de développement des soins palliatifs ; • article 8 : obligation pour les médecins de consulter des confrères avant de se délier de directives anticipées jugées inappropriées.
2016 (5 août)	La loi Claeys-Leonetti du 3 février 2016 sur les droits des personnes en fin de vie, mise officiellement en application le 5 août, consacre le droit de chaque personne à demander une sédation profonde et continue jusqu'à son décès, dans certaines conditions ainsi que les modalités des « directives anticipées » des personnes concernées. L'arrêté ministériel définit deux modèles de directives anticipées, selon que la personne est bien portante ou déjà atteinte d'une maladie grave. Un modèle type mais facultatif est proposé dans l'arrêté pour établir cette déclaration.

FICHE N° 3 | POLITIQUE ET PROGRAMME DE SANTÉ PUBLIQUE

La notion de santé publique est apparue progressivement en France. Elle est devenue une préoccupation majeure dès l'instant où les problématiques de santé s'accroissaient.

DÉFINITION DE LA SANTÉ

La première définition a été donnée en 1946 par l'Organisation mondiale de la santé (OMS) : « *La santé est un état de complet bien-être physique, mental et social, et ne consiste pas seulement en une absence de maladie ou d'infirmité.* » Ainsi l'OMS traduit la santé comme le bien-être de tout individu, c'est-à-dire la satisfaction de ses besoins fondamentaux et l'accomplissement de ses capacités physiques, intellectuelles et spirituelles.

DÉFINITION DE LA SANTÉ PUBLIQUE

La santé publique reprend toutes les notions explicitées ci-dessus et s'appuie sur différentes disciplines comme les sciences humaines et biomédicales. L'OMS la définit comme « *la science et l'art de prévenir les maladies, de prolonger la vie et d'améliorer la santé et la vitalité mentale et physique des individus, par le moyen d'une action collective concertée visant à : assainir le milieu ; lutter contre les maladies ; enseigner les règles d'hygiène personnelle ; organiser des services médicaux et infirmiers en vue d'un diagnostic précoce et du traitement préventif des maladies ; mettre en œuvre des mesures sociales propres à assurer à chaque membre de la collectivité un niveau de vie compatible avec le maintien de la santé* ».

Au travers de cette définition, la notion de soins de santé primaire apparaît. Les soins de santé primaire consistent à mettre en œuvre des techniques simples, de technologie peu coûteuse permettant de diagnostiquer et de traiter la plupart des pathologies. Ils associent des actions de promotion de la santé, de prévention aux activités de restauration de la santé. Ils reposent sur un esprit d'autoresponsabilité et d'autodétermination des individus avec comme objectif principal l'accès aux soins pour tous.

PRINCIPE DE SANTÉ PUBLIQUE DANS LA LOI HÔPITAL-PATIENTS-SANTÉ-TERRITOIRE DU 21 JUILLET 2009

L'objectif de la loi HPST était l'organisation de l'offre de soins, accessible à tous et répondant aux besoins de santé. Elle comportait quatre volets : la modernisation des établissements hospitaliers de santé, l'accès de tous à des soins de qualité, la prévention et santé publique, et l'organisation territoriale du système de santé avec la création des agences régionales de santé (ARS).

Principe de santé publique dans la loi de modernisation de notre système de santé 2016

Cette loi fait de la prévention le cœur de notre système de santé : elle organise le déploiement d'un parcours éducatif en santé de la maternelle au lycée, crée de nouveaux outils pour lutter contre le tabagisme, améliore l'information nutritionnelle, combat l'alcoolisation excessive des jeunes, encourage le dépistage des infections sexuellement transmissibles et renforce la réduction des risques, dont les usages de drogues (axe 1, « Innover pour mieux prévenir »).
Des modifications sont apportées dans l'organisation régionale et territoriale du système de soins. La loi remanie ainsi le projet régional de santé (PRS), créé par la loi HPST, en instaurant un schéma régional de santé unique (au lieu de trois précédemment) et crée des communautés professionnelles territoriales de santé qui concourent au PRS et à la structuration des parcours de santé. Elle met également en place un dispositif d'organisation des soins spécifique à la santé mentale autour de plusieurs outils : projet territorial de santé mentale, diagnostic territorial partagé en santé mentale, contrat territorial en santé mentale...

Principe de santé publique dans la loi relative à l'organisation et à la transformation du système de santé (Ma santé 2022)

L'objectif de cette loi est de déployer 1 000 communautés professionnelles territoriales de santé (CPTS) d'ici 2022. La mise en place des parcours de soins sera une priorité : ce n'est plus au patient de faire le lien entre les différents professionnels de santé, mais c'est aux soignants de se coordonner. Cela facilitera les actions de prévention par l'accès de tous les patients à des médecins spécialistes.

LA POLITIQUE DE SANTÉ PUBLIQUE

(Source : www.legifrance.gouv.fr)

Elle est définie à l'article L. 1411-1 de la loi n° 2004-806 du 9 août 2004 où il est explicité que la nation définit sa politique de santé selon **des objectifs pluriannuels**. La détermination de ces objectifs, la conception des plans, des actions et des programmes de santé mis en œuvre pour les atteindre ainsi que l'évaluation de cette politique relèvent de la **responsabilité de l'État**.

La politique de santé publique concerne dix domaines principaux :

1° la surveillance et l'observation de l'état de santé de la population et de ses déterminants ;

2° la lutte contre les épidémies ;

3° la prévention des maladies, des traumatismes et des incapacités ;

4° l'amélioration de l'état de santé de la population et de la qualité de vie des personnes malades, handicapées, et des personnes dépendantes ;

5° l'information et l'éducation à la santé de la population et l'organisation de débats publics sur les questions de santé et de risques sanitaires ;

6° l'identification et la réduction des risques éventuels pour la santé liés à des facteurs d'environnement et des conditions de travail, de transport, d'alimentation ou de consommation de produits et de services susceptibles de l'altérer ;

7° la réduction des inégalités de santé, par la promotion de la santé, par le développement de l'accès aux soins et aux diagnostics sur l'ensemble du territoire ;

8° la qualité et la sécurité des soins et des produits de santé ;

9° l'organisation du système de santé et sa capacité à répondre aux besoins de prévention et de prise en charge des maladies et handicaps ;

10° la démographie des professions de santé.

FICHE N° 4 | ÉCONOMIE DE LA SANTÉ

■ LES DÉTERMINANTS DE SANTÉ

Définition du déterminant de santé

Il s'agit de l'élément qui va influencer la santé et le bien-être social d'une population.

Les types de déterminants de santé sont :

- les déterminants biologiques (sexe, âge...) ;
- les déterminants comportementaux et ceux liés aux conditions de vie de l'individu (tabagisme, niveau de revenus...) ;
- les déterminants environnementaux (pollution, bruit...) ;
- les déterminants liés au système de santé et social (délai d'attente pour une consultation...).

■ DÉFINITION DE LA PRÉVENTION PRIMAIRE

Elle désigne toutes les actions concourant à diminuer l'incidence d'une maladie dans une population, donc à réduire le risque d'apparition de nouveaux cas. Par exemple, les vaccinations, la distribution de l'eau potable, la salubrité de l'alimentation...

■ DÉFINITION DE LA PRÉVENTION SECONDAIRE

Elle désigne « *tous les actes destinés à diminuer la prévalence d'une maladie dans une population, donc à réduire la durée d'évolution de la maladie* ».

Elle inclut le dépistage mais également le traitement des premiers cas. Par exemple, dépistage du cancer du sein, dépistage du diabète...

AUTRES DÉFINITIONS À CONNAÎTRE

- **Incidence :** Le taux d'incidence est le nombre de nouveaux cas d'une maladie dans une population ciblée pendant une période donnée sur l'ensemble de la population.

- **Espérance de vie :** L'espérance de vie à la naissance (ou à l'âge 0) représente la durée de vie moyenne – autrement dit l'âge moyen au décès – d'une génération fictive soumise aux conditions de mortalité de l'année.

FICHE N° 5| LE SYSTÈME SANITAIRE FRANÇAIS

Le système sanitaire français est piloté par l'État aidé des services centraux (ministère des Solidarités et de la Santé appuyé de ses directions et de certaines institutions ou agences). Les trois missions principales des services centraux sont de fixer les grandes orientations, d'élaborer les réglementations et de coordonner. Ce pilotage est réparti au niveau national et au niveau régional.

■ AU NIVEAU NATIONAL

Le ministère des Solidarités et de la Santé

Au plan national, le ministère chargé des solidarités et de la santé intervient au nom de l'État sur le système de santé. Il est tenu par Olivier Véran. Dans ce même ministère, il y a deux secrétaires d'État délégués :

- un chargé des personnes âgées et de l'autonomie ;

- un chargé des personnes handicapées et de la lutte contre l'exclusion.

Dans ce ministère, nous pouvons citer quatre directions avec chacune des missions spécifiques dans le pilotage du système sanitaire :

- **la direction générale de la santé (DGS) :** elle prépare la politique de santé publique définie à l'article L. 1411-1 de la loi n° 2004-806 du 9 août 2004 et contribue à sa mise en œuvre en liaison avec les autres directions et services du ministère chargé de la santé et des autres départements ministériels compétents, ainsi qu'avec l'appui des établissements ou organismes qui en dépendent. Ses missions sont de protéger les personnes des menaces pesant sur leur santé (champ de la sécurité sanitaire) à travers la gestion des risques sanitaires, la gestion des alertes, des urgences sanitaires et la préparation aux menaces, la contribution à la qualité et à la sécurité ainsi qu'à un égal accès à ce système. De plus, la DGS œuvre pour l'amélioration de l'état de santé général de la population, la diminution de la mortalité et de la morbidité.

• **la direction générale de l'offre de soins (DGOS) :** elle s'est substituée depuis le 16 mars 2010 à la direction de l'hospitalisation et de l'organisation des soins (DHOS). Sa compétence s'étend à l'organisation de l'ensemble de l'offre de soins, des établissements de santé publics, privés et de la médecine de ville (approche globale de l'offre de soins intégrant aussi bien la ville que l'hôpital).

Elle a trois objectifs :
- promouvoir une approche globale de l'offre de soins ;
- assurer une réponse adaptée aux besoins de prise en charge des patients et des usagers ;
- garantir l'efficience et la qualité de l'offre de soins dans le respect de l'objectif national des dépenses d'assurance maladie (ONDAM).

• **la direction de la Sécurité sociale (DSS) :** elle est le trait d'union entre le ministère et les caisses nationales de Sécurité sociale. Sa mission générale est d'assurer l'adéquation des prestations de Sécurité sociale avec les besoins de la population, tout en veillant à l'équilibre financier de ses ressources. Elle élabore et met en œuvre les politiques relatives à la couverture des risques vieillesse, maladie, famille et accident du travail.

• **la direction de l'action sociale, de l'enfance et de la santé (DASES) :** elle élabore, coordonne et met en œuvre les politiques d'intervention sociale, médico-sociale et de solidarité. Sa politique est ciblée sur les personnes en difficulté sociale, les enfants et les adultes handicapés, les personnes âgées ainsi que les familles, les enfants et les adolescents.

Les structures d'appui national

L'État s'appuie sur des institutions nationales qui vont participer à l'élaboration et la mise en œuvre de la politique nationale de santé publique. Les principales sont :

• **le Haut conseil de la santé publique (HCSP)** qui contribue à la définition des objectifs pluriannuels de santé publique et fournit aux pouvoirs publics, en liaison avec les agences sanitaires, l'expertise nécessaire à la gestion des risques sanitaires ainsi qu'à la conception et à l'évaluation des politiques et stratégies de prévention et de sécurité sanitaire. Il donne aux pouvoirs publics des réflexions prospectives et des conseils sur les questions de santé publique.

• **la Conférence nationale de santé (CNS)** qui est le lieu des concertations des orientations politiques. Elle analyse les besoins de santé de la population pour proposer des plans ou programmes pour l'amélioration du système de santé en France. Elle élabore annuellement un rapport sur les droits des usagers.

• **le Comité national de santé publique (CNSP)** qui coordonne l'action des différents départements ministériels en matière de sécurité sanitaire et de prévention. Il analyse les événements susceptibles d'affecter la santé de la population. Enfin, il contribue à l'élaboration de la politique du gouvernement dans les domaines de la sécurité sanitaire et de la prévention et en examine les conditions de financement. Il est présidé par le ministre chargé des affaires sociales et de la santé.

• **les deux agences de sécurité sanitaire assumant des missions larges :**
- **l'Institut national de veille sanitaire (InVS)** qui est chargé de la surveillance et de l'observation permanente de l'état de santé de la population, de l'alerte sanitaire, et contribue à la gestion des situations de crise sanitaire ;
- **l'Institut national de prévention et d'éducation pour la santé (INPES)** qui exerce une fonction d'expertise et de conseils en matière d'éducation et de promotion pour la santé. Il assure aussi le développement de l'éducation pour la santé et l'éducation thérapeutique.

• **les agences assurant principalement des missions de veille scientifique, d'analyse et d'évaluation des risques dans leur domaine :**
- l'Agence nationale de sécurité du médicament et des produits de santé (ANSM), ex-AFSSAPS (Agence française de la sécurité sanitaire des produits de santé) qui évalue et contrôle les produits de santé destinés à l'humain (médicaments, produits sanguins, cosmétiques et d'hygiène corporelle). Elle assure et coordonne la vigilance sanitaire pour alerter en cas de risque pour la santé publique ;
- l'Agence de la biomédecine (ABM) ;
- l'Établissement français du sang (EFS) ;
- l'Agence nationale de sécurité sanitaire de l'alimentation, de l'environnement et du travail (ANSES) ;
- l'Institut de radioprotection et de sûreté nucléaire (IRSN).

• **les structures sur lesquelles s'appuient les administrations centrales du ministère et en particulier la DGS :**
- l'Établissement de préparation et de réponse aux urgences sanitaires (EPRUS) ;
- l'Institut national de la santé et de la recherche médicale (INSERM) ;
- l'Institut national du cancer (INCa).

- **l'agence indépendante, la Haute Autorité de santé (HAS)**, qui a trois missions principales : l'évaluation (de la qualité de prise en charge des usagers, des pratiques professionnelles et du remboursement des dispositifs médicaux et des actes professionnels par l'assurance maladie), l'élaboration de guides de recommandations sur les bonnes pratiques professionnelles et de bon usage des soins, et la certification des établissements de santé.

AU NIVEAU RÉGIONAL

Ce pilotage est assuré principalement par **les ARS**.

Définition

Créées par la Loi HPST du 21 juillet 2009, les ARS représentent des entités régionales uniques du service public de la santé. Ce sont des établissements publics d'État autonomes au niveau administratif et financier. Elles assurent le pilotage régional du système de santé en se substituant à sept organismes qui ont disparu aujourd'hui :

- l'agence régionale de l'hospitalisation (ARH) ;
- la direction régionale des affaires sanitaires et sociales (DRASS) ;
- la direction départementale des affaires sanitaires et sociales (DDASS) ;
- l'union régionale des caisses d'assurance maladie (URCAM) ;
- le groupement régional de santé publique (GRSP) ;
- la mission régionale de santé (MRS) ;
- et la caisse régionale d'assurance maladie (CRAM) pour certaines missions.

Cette réforme a été mise en place pour permettre un décloisonnement entre les différents secteurs : hospitalier, médico-social et ambulatoire. L'objectif des ARS est de mener un pilotage régional plus simplifié en responsabilisant les acteurs régionaux. Cette approche régionale permet de mieux s'adapter aux contextes locaux et de maîtriser les risques et les dépenses d'un territoire de santé.

Évolution des champs de compétences des ARS

Les compétences réunies dans une même structure autorisent une approche globale de la santé, une plus grande cohérence des réponses et des parcours pour les patients et les personnes en situation de perte d'autonomie.
Le champ d'intervention des ARS touche à sept domaines principaux.

Les 7 champs de compétences des ARS

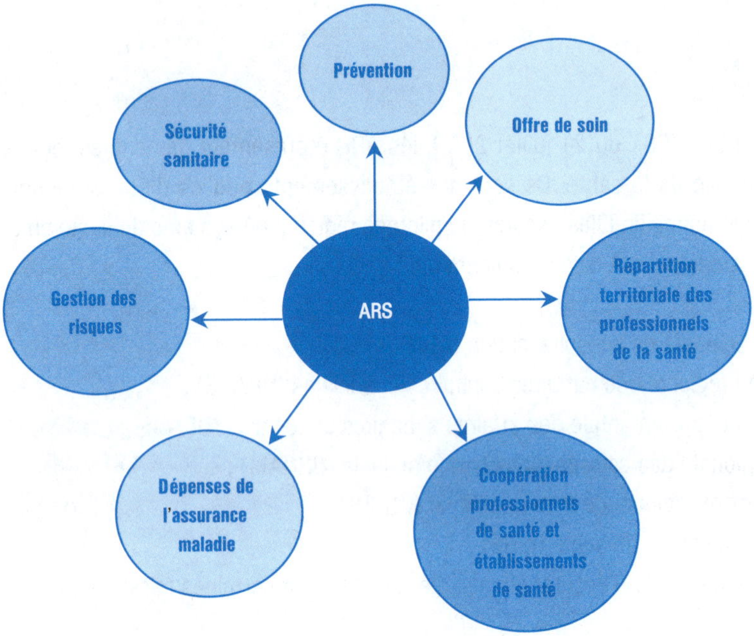

Depuis le 1er janvier 2016, la carte des agences régionales de santé s'est adaptée aux nouvelles régions issues de la réforme territoriale. Dans le même temps, la loi de santé du 26 janvier 2016 a modifié les compétences des ARS en accentuant leurs rôles :

- d'animation et de mobilisation des professionnels de santé ;
- d'appui aux professionnels assurant une prise en charge des patients relevant de parcours de santé complexes pour lesquels il y a intervention de plusieurs catégories de professionnels de santé, sociaux ou médico-sociaux ;
- de concertation avec les communes dans les actions d'accompagnement et de prévention en addictologie ;

- de validation des projets de santé des communautés professionnelles territoriales ;
- de validation des contrats territoriaux de santé sur la base des projets de santé des équipes de soins primaires et des communautés professionnelles territoriales de santé. Le directeur général de l'agence peut attribuer à ces contrats des crédits du Fonds d'intervention régional (FIR). Le contrat territorial de santé est publié sur le site de l'ARS ;
- de renfort à l'amélioration de l'accessibilité de la permanence des soins ambulatoires (PDSA) : mise en place d'un numéro téléphonique harmonisé de permanence des soins permettant à la personne d'entrer en contact avec le médecin de garde ; ce numéro est déterminé par le directeur général de l'agence régionale de santé.

Gouvernance des ARS

Les ARS sont sous la tutelle du ministère des Solidarités et de la Santé pour mettre en œuvre, au niveau d'une région, la politique nationale de la santé en tenant compte de ses spécificités. Chaque ARS est constituée de trois instances :

- **la conférence régionale de la santé et de l'autonomie (CRSA)** qui a un avis consultatif. Elle est composée de plusieurs collèges au sein desquels sont représentés les collectivités territoriales, les usagers et associations œuvrant dans les domaines de compétence de l'ARS, les conférences de territoire, les organisations représentatives des salariés, des employeurs et des professions indépendantes, les professionnels du système de santé, les organismes gestionnaires des établissements et services de santé et médico-sociaux, et les organismes de protection sociale ;

- **les deux commissions de coordination des politiques publiques de santé** associant les services de l'État, les collectivités territoriales et leurs groupements, et les organismes de Sécurité sociale. Une première commission est chargée de la prévention, de la santé scolaire, de la santé au travail et de la protection maternelle et infantile. La seconde commission est dédiée au secteur médico-social.

L'organisation de chaque ARS s'appuie sur **un projet régional de santé (PRS)** qui permet d'avoir une vision plus large de la santé. Il est valable cinq ans.

EN RÉSUMÉ

Les ARS assurent la coordination de tous les soins prodigués dans une région, veillent à une gestion cohérente des ressources et garantissent un accès égal à une prise en charge de qualité. Elles adaptent les politiques nationales à leurs contextes régionaux, par le biais de programmes régionaux de santé (PRS), composés de schémas régionaux de prévention, de schémas régionaux d'organisation des soins (SROS) de ville et hospitaliers, ainsi que de schémas médico-sociaux pour les personnes âgées ou dépendantes.
La loi santé de 2016 a également considérablement renforcé le pouvoir des ARS, qui sont devenues des instances à part entière du système de santé.

AU NIVEAU DÉPARTEMENTAL, LES DÉLÉGATIONS TERRITORIALES

Chaque ARS dispose de délégations territoriales dans chacun de ses départements. Cette organisation ancrée dans les territoires assure une action au plus près des besoins de la population. Les délégations territoriales constituent le réseau régional de chaque ARS et permettent l'ancrage de l'agence dans les territoires. **Leurs missions sont la proximité et l'animation territoriale.**

Rôle des délégations territoriales

Elles sont garantes de la territorialisation des politiques et des projets de santé. Leurs missions principales sont de :

- mettre en œuvre dans les territoires (département et territoires de santé) la politique régionale de santé ;
- susciter, accompagner et coordonner les initiatives locales ;
- favoriser la prise en compte de la dimension « santé » dans l'action collective locale ;
- et faciliter la prise en compte des enjeux locaux dans le cadre régional.

FICHE N° 6 | LA LOI HÔPITAL-PATIENTS-SANTÉ-TERRITOIRES (HPST)

La loi « hôpital-patients-santé-territoires » portant réforme de l'hôpital et relative aux patients, à la santé et aux territoires a été promulguée le 21 juillet 2009 et publiée au *Journal officiel* du 22 juillet 2009. Cette loi était un projet d'organisation sanitaire et non de financement. **Elle devait permettre de mettre en place une offre de soins graduée de qualité, accessible à tous, satisfaisant à l'ensemble des besoins de santé.**

La loi HPST a institué une territorialisation des politiques de santé et a porté une réforme globale qui devait permettre aux institutions et structures de s'adapter aux nouveaux besoins de la population. L'Agence nationale d'appui à la performance (ANAP) des établissements de santé et médico-sociaux a été créée par cette loi HPST. Son rôle est d'accompagner les professionnels du secteur de la santé et du médico-social dans leurs projets. Cette loi HPST est **constituée de quatre titres**.

- **La modernisation des établissements de santé :** redéfinir les missions de service public des établissements : la loi signe la fin du clivage entre les secteurs hospitaliers publics et privés.

- **L'amélioration de l'accès à des soins de qualité :** optimiser l'accès de tous à des soins de qualité, sur l'ensemble du territoire, tout en respectant la liberté d'installation des professionnels libéraux. L'organisation de l'offre de soins se fait en fonction des niveaux de recours et des besoins de santé au niveau des schémas régionaux d'organisation des soins (SROS).

- **La prévention et la santé publique :** ciblées sur les maladies chroniques et les cancers : la prévention de leurs principaux facteurs de risque (alcool, tabac) ainsi que celle de leurs complications et de leurs rechutes, par l'éducation thérapeutique du patient.

- **L'organisation territoriale du système de santé :** créer les ARS, nouvelles autorités responsables du pilotage du système de santé en région, qui permettront une organisation mieux ancrée dans les territoires et davantage décentralisée, au plus proche des besoins des patients.

La loi HPST a subi quelques modifications en 2011 avec la loi Fourcade :

- la suppression du caractère coercitif du contrat santé-solidarité, qui avait pour but de favoriser l'exercice médical dans les zones sous-dotées, et son remplacement par un contrat de type conventionnel ;

• la modification du statut des maisons de santé et la suppression de l'obligation faite aux médecins de déclarer leurs congés. Ces mesures relatives au contrat santé-solidarité et à la déclaration d'absence avaient fait débat au moment de la publication de la loi HPST. En juin 2010, Roselyne Bachelot, alors ministre de la Santé, avait annoncé la suppression de ces mesures.

À partir du 26 janvier 2016, c'est la loi de modernisation de notre système de santé qui va elle aussi apporter des modifications aux mesures de la loi HPST :

• remaniement du projet régional de santé avec la mise en place d'un schéma régional de santé unique ;

• réintroduction de la notion de service public hospitalier, remplacement des communautés hospitalières de territoire par des groupements hospitaliers de territoire, redéfinition des pôles d'activité...

EN RÉSUMÉ, LA LOI HPST, C'EST QUATRE AXES

(Source : ministère de la Santé et des Sports, septembre 2009)

1) Une organisation des soins optimisée pour les patients :

• par la garantie d'une offre de soins de qualité, en tenant compte des spécificités et des capacités des établissements et des professionnels ;

• par l'accessibilité à la prévention et aux soins pour tous ;

• par la fluidification du parcours de soins entre la ville, l'hôpital et le secteur médico-social.

2) Des professionnels mieux formés, responsabilisés et reconnus :

• par la valorisation des équipes pour dynamiser la gestion ;

• par l'amélioration des formations initiales et continues, le renforcement de l'évaluation des pratiques professionnelles, l'incitation aux coopérations entre professionnels ;

• par l'implication renforcée en matière d'éducation thérapeutique du patient et de qualité des soins.

3) Une meilleure organisation territoriale :

• par l'allocation de ressources plus justes, par les agences régionales de santé, pour répondre aux besoins de santé de la population ;

• par la complémentarité accrue entre les acteurs en vue d'une meilleure gradation des soins.

4) Des établissements adaptés à leurs missions :

• par la refondation des missions de service public pour un maillage renforcé des territoires de santé ;

• par l'incitation aux coopérations entre établissements publics et/ou privés ;

• par l'assouplissement du fonctionnement des hôpitaux publics, le recentrage de l'hôpital sur son projet médical autour de la prévention et du soin.

FICHE N° 7 | LOI DE MODERNISATION DE NOTRE SYSTÈME DE SANTÉ

Dates phares de ce projet de loi

• **3 juillet 2012 :** Annonce d'une stratégie nationale de santé par le Premier ministre, Jean-Marc Ayrault.

• **8 février 2013 :** Lettre de mission de la ministre des Affaires sociales et de la Santé, Marisol Touraine, à Alain Cordier pour coordonner les travaux du comité des sages chargé de préfigurer la stratégie nationale de santé.

• **23 octobre 2013 :** Rapport Cordier : présentation du projet global pour la stratégie nationale de santé – 19 recommandations du comité des « sages ».

• **19 juin 2014 :** Présentation par M. Touraine des orientations du projet de santé.

• **15 octobre 2014 :** Ce projet de loi déposé par M. Touraine, a soulevé dès la fin de l'année 2014 un mouvement d'opposition de la part des médecins comme le rejet de la généralisation du tiers payant, l'adaptation régionale de la convention médicale, ou encore les réformes incertaines du développement professionnel continu (DPC) et du dossier médical partagé (DMP) désormais piloté par la Caisse nationale de l'assurance maladie (CNAMTS). Le mouvement a pris de l'ampleur avec fermeture des cabinets, arrêt des télétransmissions des feuilles de soins à l'assurance maladie, manifestation nationale...
Toutefois les associations telles que Médecins du monde ont applaudi ce projet qui vise à réduire les obstacles à l'accès aux soins, soulignant cependant que les avancées du projet de loi sont très minimes par rapport aux objectifs prévus par la stratégie nationale de santé et la réalité des besoins.

• **20 janvier 2015 :** Quatre groupes de travail ont été missionnés par le ministre de la Santé pour faire évoluer le texte notamment sur l'organisation des soins de proximité dans les territoires, l'évolution de certaines compétences médicales, les liens entre médecins spécialistes, cliniques privées lucratives et service public hospitalier.

• **9 mars 2015 :** Conférence de presse de Marisol Touraine qui présente les évolutions du projet de loi après la consultation des groupes de travail. Quelques mesures ont été votées (la généralisation du tiers payant ou l'expérimentation de salles de consommation de drogues à moindre risque) et d'autres ont été remaniées (remplacement du service territorial de santé au public par des communautés professionnelles territoriales de santé et création de pactes territoire-santé).

• **14 avril 2015 :** Adopté en 1re lecture par l'Assemblée nationale (Texte adopté n° 505). Le texte qui comportait initialement 57 articles, répartis en cinq titres, en comporte 204 après son passage à l'Assemblée nationale. La loi de santé est devenue « Loi de modernisation de notre système de santé » avec 6 titres :

- Titre liminaire : Rassembler les acteurs de la santé autour d'une stratégie partagée.
- Titre I : Renforcer la prévention et la promotion de la santé.
- Titre II : Faciliter au quotidien le parcours de santé des Français.
- Titre III : Innover pour garantir la pérennité de notre système de santé.
- Titre IV : Renforcer l'efficacité des politiques publiques et la démocratie sanitaire.
- Titre V : Mesures de simplification et d'harmonisation.

• **22 juillet 2015 :** Discussion de la loi à la Commission des affaires sociales du Sénat. Adoption de 206 amendements et suppression de 50 articles, dont notamment l'article 18 relatif à la généralisation du tiers payant. Changement transitoire puisque le dernier mot appartient à l'Assemblée nationale.

• **17 décembre 2015 :** Texte adopté en lecture définitive par l'Assemblée nationale.

• **26 janvier 2016 :** Promulgation de la loi.

Objectif de la loi pour la modernisation de notre système de santé : agir sur les inégalités de santé, en s'orientant vers la prévention et l'éducation en santé et en créant un parcours de soins, c'est-à-dire une prise en charge dans la proximité et la continuité.

À savoir :
- médecine de ville : depuis le 1er janvier 2017, généralisation du tiers payant et élargissement du dispositif du médecin traitant aux enfants et adolescents de moins de seize ans.
- hôpital : création d'un nouveau service public hospitalier (SPH), dont seuls les établissements publics sont membres de droit. Les cliniques, pour y être éligibles, sont contraintes de renoncer totalement aux dépassements d'honoraires.

Contenu de la loi[1]

Titre liminaire	Rassembler les acteurs de la santé autour d'une stratégie partagée.	Responsabilité de l'État et définition de la politique de santé. Objectifs propres aux Outre-mer dans la stratégie nationale de santé.
Titre 1	Renforcer la prévention et la promotion de la santé.	Soutenir les jeunes pour l'égalité des chances en santé (parcours éducatif). Lutter contre le tabagisme. Soutenir les services de santé au travail. Soutenir et valoriser les initiatives des acteurs pour faciliter l'accès de chacun à la prévention et à la promotion de la santé. Informer et protéger les populations face aux risques sanitaires liés à l'environnement. Informer et protéger les populations face aux risques liés aux accidents de la vie courante.
Titre 2	Faciliter au quotidien les parcours de santé des Français.	Promouvoir les soins primaires et favoriser la structuration des parcours de santé. Garantir l'accès aux soins. Mieux informer, mieux accompagner les usagers dans leur parcours de santé. Renforcer les outils proposés aux professionnels pour leur permettre d'assurer la coordination du parcours de leur patient. Ancrer l'hôpital dans son territoire.
Titre 3	Innover pour garantir la pérennité de notre système de santé.	Innover en matière de formation des professionnels. Innover pour préparer les métiers de demain. Innover pour la qualité des pratiques, le bon usage du médicament et la sécurité des soins. Développer la recherche et l'innovation en santé au service des usagers.

1. www.legifrance.gouv.fr/

Titre 4	Renforcer l'efficacité des politiques publiques et la démocratie sanitaire.	Renforcer l'animation territoriale conduite par les ARS. Renforcer l'alignement stratégique entre l'État et l'assurance maladie. Réformer le système d'agences sanitaires. Associer les usagers à l'élaboration de la politique de santé et renforcer les droits. Créer les conditions d'un accès ouvert aux données de santé. Renforcer le dialogue social (création d'une instance nationale consultative des personnels médicaux et pharmaceutiques des établissements publics de santé et détermination des règles de représentativité). Dispositions transitoires liées à la nouvelle délimitation des régions.
Titre 5	Mesures de simplification.	Allégement des modalités entourant le protocole de soins pour les affections de longue durée (ALD). Reconnaissance automatique auprès du Fonds d'indemnisation des victimes de l'amiante (FIVA) du lien entre l'exposition à l'amiante et le décès d'un assuré pris en charge à ce titre par une caisse de Sécurité sociale...

Le tiers payant

Le tiers payant : La loi Santé votée le 17 décembre 2015, a permis de mettre en place à partir du 1er janvier la dispense d'avance des frais remboursés par l'assurance maladie pour les femmes enceintes et les patients atteints d'une affection de longue durée. Depuis novembre 2017, cette dispense concerne l'ensemble de la population.

Le don d'organes

Plutôt que de communiquer le fait d'être donneur d'organes, la personne devra transmettre son refus d'être donneur d'organes. Ainsi, chaque personne sera désormais présumée donneuse d'organes à moins qu'elle n'ait exprimé son refus de son vivant en s'inscrivant sur le registre national automatisé des refus de prélèvement géré par l'Agence de la biomédecine. Un document écrit laissé à un proche pour exprimer son refus pourra également être pris en compte. Depuis 2017, le refus de don d'organe peut se faire directement en ligne sur internet.

FICHE N° 8 | LOI RELATIVE À L'ORGANISATION ET À LA TRANSFORMATION DU SYSTÈME DE SANTÉ, MA SANTÉ 2022

« Les mesures de la stratégie de transformation du système de santé (STSS) ont été annoncées par le président de la République, Emmanuel Macron, le 18 septembre 2018. Cette stratégie, dont la première étape avait été lancée en mars 2018, s'inscrit dans le cadre plus large de la stratégie nationale de santé (SNS), qui fixe le cadre de la politique de santé du gouvernement pour le quinquennat. L'objectif affiché de la STSS est de décloisonner le système de santé français avec un financement plus pertinent, une organisation des soins de proximité plus coopérative ainsi qu'une formation et un mode d'exercice professionnel plus adaptés et diversifiés. Rebaptisée « Ma santé 2022 », la STSS est née du constat que le système de santé est devenu inadapté pour les raisons suivantes. Il ne répond plus aux attentes des patients ; il nourrit le mécontentement des professionnels de santé ; il est historiquement marqué par de profondes rigidités organisationnelles ; enfin, il est confronté à des tensions financières croissantes. »[1].

Dans ce projet de loi, il y a 5 axes :

1. Décloisonner les parcours de formation et les carrières des professionnels de santé :

- réformer les études en santé et renforcer la formation tout au long de la vie ;
- faciliter les débuts de carrières et répondre aux enjeux des territoires ;
- fluidifier les carrières entre la ville et l'hôpital pour davantage d'attractivité (il met fin au concours de praticien hospitalier et autorise le gouvernement à prendre par ordonnances des mesures de création d'un statut unique de praticien hospitalier).

2. Créer un collectif de soins au service des patients et mieux structurer l'offre de soins dans les territoires :

- promouvoir les projets territoriaux de santé et soumission des projets de communautés professionnelles territoriales de santé avec l'approbation du directeur général de l'ARS ;

1. https://www.irdes.fr/documentation/syntheses/projet-de-loi-relatif-a-l-organisation-et-a-la-transformation-du-systeme-de-sante.pdf

• développer une offre hospitalière de proximité, ouverte sur la ville et le secteur médico-social, et renforcer la gradation des soins ;
• renforcer la stratégie et la gouvernance médicales au niveau du groupement hospitalier de territoire, et accompagner les établissements volontaires pour davantage d'intégration.

3. Développer l'ambition numérique en santé :

• innover en valorisant les données cliniques (la loi instaure une plate-forme des données de santé (*Health data hub*) se substituant à l'Institut national des données de santé (INDS) tout en élargissant ses missions) ;
• doter chaque usager d'un espace numérique de santé.

4. Mesures diverses :

• dispositions de simplification (la possibilité d'appel à des praticiens volontaires pour des missions de remplacement temporaires) ;
• mesures de sécurisation (l'allégement des missions des agences régionales de santé [ARS] afin de les recentrer sur l'organisation territoriale ; il rénove les modalités de recrutement des praticiens à diplôme étranger hors Union européenne, PADHUE).

5. Ratifications et modifications des ordonnances :

• il ratifie l'ordonnance qui permet à la Haute Autorité de santé d'intervenir sur le territoire de Wallis-et-Futuna et de développer ses activités internationales ;
• il ratifie une ordonnance relative aux ordres des professions de santé et modifie les conditions d'éligibilité des conseillers ordinaux. Enfin, il ratifie une trentaine d'ordonnances issues de la loi de modernisation de notre système de santé du 26 janvier 2016.

Ce projet de loi a été adopté par le Parlement le mardi 16 juillet 2019.

DISCUSSIONS CONCERNANT CETTE NOUVELLE LOI

Elle rénove le mode d'accès aux études médicales, pharmaceutiques, odontologiques et maïeutiques (sage-femme) en supprimant le *numerus clausus* déterminant l'accès en deuxième année de premier cycle, et en permettant l'accès à ces études à partir de voies diversifiées.

La loi vise à développer un collectif de soins, entre professionnels et secteur ambulatoire, médico-social ou hospitalier, et à mieux structurer l'offre de soins dans les territoires. Elle encourage le développement de projets de santé de territoire.

Les modalités de recrutement des praticiens à diplôme étranger hors Union européenne (PADHUE) sont rénovées. Certains médecins, pharmaciens, dentistes et sages-femmes diplômés hors de l'Union européenne (PADHUE) pourront voir leur situation régularisée d'ici fin 2021 après étude de leur dossier.

Une plateforme des données est créée. Elle se substitue à l'Institut national des données de santé tout en élargissant ses missions. Elle a notamment pour rôle de réunir, organiser et mettre à disposition les données du système national des données de santé.

Chaque usager pourra ouvrir son espace numérique d'ici le 1er janvier 2022 afin d'accéder à son dossier médical partagé ainsi qu'à des outils numériques permettant des échanges sécurisés avec les professionnels et établissements de santé. L'usager peut décider à tout moment de la fermeture de son espace numérique de santé et détruire les données y figurant.

Le texte adapte le cadre légal existant afin d'assurer le déploiement de la télémédecine et des télé-soins.

Le texte habilite le gouvernement à prendre par voie d'ordonnances des mesures de re-certification des compétences des médecins, afin de maintenir un haut niveau de compétences tout au long de leur carrière professionnelle ; ou encore à créer un statut unique de praticien hospitalier, associé à la suppression du concours.

FICHE N° 9 | HANDICAP, MALADIE CHRONIQUE ET ACCIDENT DE LA VIE

QUELQUES DÉFINITIONS À CONNAÎTRE

• **Handicap :** selon l'OMS : « *Est appelé handicapé celui dont l'intégrité physique ou mentale est définitivement diminuée, soit congénitalement, soit sous l'effet de l'âge, d'une maladie ou d'un accident, en sorte que son autonomie, son aptitude à fréquenter l'école ou à occuper un emploi s'en trouve compromise.* »

• **Maladie chronique :** selon l'OMS, elle est un problème de santé qui nécessite une prise en charge à long terme.

• **Concept de qualité de vie :** selon l'OMS, c'est la combinaison des facteurs psychologique, physique, matériel et social pour évaluer le bien-être de l'individu.

• **Concept d'aidant naturel :** personne non professionnelle qui intervient pour effectuer une aide partielle ou totale chez une personne dépendante de son entourage, pour les activités de la vie quotidienne. Cette personne est souvent un membre proche de l'entourage du patient qui peut avoir un lien parental ou pas (voisin...) avec lui.

QUELQUES CHIFFRES À CONNAÎTRE

Selon une étude menée par le ministère du Travail en 2015, 2,7 millions de personnes de 15 à 64 ans déclarent disposer d'une reconnaissance administrative de leur handicap et 5,7 millions indiquent souffrir d'une maladie ou d'un problème de santé chronique les limitant depuis au moins six mois. Soit respectivement 6,6 % et 15 % de la population.
Selon l'organisme européen Eurostat, 5,8 % des 15-64 ans (soit 2,3 millions de personnes) déclarent avoir une incapacité qui les limite physiquement de façon grave (données 2014). Parmi eux, 1,4 % avaient un problème de vue, 3,5 % d'audition et 1,6 % une difficulté pour marcher.
Malheureusement, la dernière enquête de l'INSEE sur le handicap date de dix ans. Il n'y a pas de données récentes.

LA LOI N° 2005-102 DU 11 FÉVRIER 2005 POUR L'ÉGALITÉ DES DROITS ET DES CHANCES, LA PARTICIPATION ET LA CITOYENNETÉ DES PERSONNES HANDICAPÉES

Cette loi est une des principales lois sur les droits des personnes en situation de handicap. Elle présente les droits fondamentaux de la personne et donne également la définition du handicap : « *Constitue un handicap, au sens de la présente loi, toute limitation d'activité ou restriction de participation à la vie en société subie dans son environnement par une personne en raison d'une altération substantielle, durable ou définitive d'une ou plusieurs fonctions physiques, sensorielles, mentales, cognitives ou psychiques, d'un polyhandicap ou d'un trouble de santé invalidant.* » Cette loi aborde huit axes :

- l'accueil des personnes handicapées (création des maisons départementales des personnes handicapées dans chaque département sous la direction du conseil général) ;

- le droit à compensation (l'allocation de compensation qui permet de pallier les conséquences du handicap) ;

- les ressources (allocation de l'adulte handicapé ; allocation d'éducation de l'enfant handicapé) ;

- la scolarité (inscription de l'enfant dans l'école de sa commune et orientation de celui-ci en fonction du projet individuel de l'élève) ;

- l'emploi (obligation d'emploi à 6 % de personnes atteintes d'un handicap) ;

- l'accessibilité (les établissements recevant du public doivent se mettre aux normes de conformité pour l'accès des personnes atteintes d'un handicap) ;

- citoyenneté et participation à la vie sociale (droit de vote des majeurs handicapés par le biais des juges de tutelle) ;

- divers comme la reconnaissance de la langue des signes française, la majoration pour parents isolés d'enfants handicapés...

QUELQUES SIGLES À CONNAÎTRE

MDPH : maison départementale des personnes handicapées.

AVS : auxiliaire de vie scolaire.

PCH : prestation de compensation du handicap.

CDAPH : Commission des droits et de l'autonomie des personnes handicapées.

AAH : allocations aux adultes handicapés.

ALD 30 : liste des 30 affections de longue durée.

APF : Association des paralysés de France.

CIF : classification internationale du fonctionnement.

FICHE N° 10| LA FONCTION PUBLIQUE

La fonction publique comprend :

- la fonction publique d'État ;
- la fonction publique territoriale ;
- la fonction publique hospitalière.

LA FONCTION PUBLIQUE D'ÉTAT

Les emplois de la fonction publique d'État concernent les postes :

- **de l'administration centrale de l'État :** il s'agit des services centraux des ministères, situés généralement à Paris, ayant en charge la conception et la coordination des actions de l'État au niveau national.

- **des services déconcentrés :** il s'agit des missions et actions de l'État au niveau de la région et du département (préfectures, rectorats, directions départementales...).

La fonction publique d'État est réglementée par la loi n° 84-16 du 11 janvier 1984 portant dispositions statutaires relatives à la fonction publique de l'État.

LA FONCTION PUBLIQUE TERRITORIALE

Elle rassemble les personnels des collectivités territoriales (communes, départements, régions), des structures intercommunales (communautés d'agglomérations, communautés de communes...), des établissements publics et des offices publics d'HLM.

La fonction publique territoriale est cadrée par la loi n° 84-53 du 26 janvier 1984 portant disposition statutaires relatives à la fonction publique territoriale.

LA FONCTION PUBLIQUE HOSPITALIÈRE

Telle que définie par la loi n° 86-33 du 9 janvier 1986 portant dispositions relatives à la fonction publique hospitalière, la fonction publique hospitalière rassemble les personnels des établissements suivants :

- les établissements d'hospitalisation publics ;
- les maisons de retraite publiques ;
- les établissements publics ou à caractère public relevant des services départementaux de l'aide sociale à l'enfance ;
- les établissements publics pour mineurs ou adultes handicapés ou inadaptés ;
- les centres d'hébergement et de réadaptation sociale publics ou à caractère public.

Sont exclus de cette catégorie les professionnels médicaux, à savoir les médecins, biologistes, pharmaciens et orthodontistes.

LE STATUT GÉNÉRAL DES FONCTIONNAIRES

Le statut général des fonctionnaires de l'État est mis à jour chaque année et publié par les journaux officiels.

Les fonctionnaires ont des droits :

- liberté d'opinion politique, syndicale, philosophique ou religieuse ;
- droit de grève ;
- droit syndical ;
- droit à la formation permanente ;
- droit de participation ;
- rémunération après service fait ;
- droit à la protection en cas de menaces, d'outrages, de voies de fait, d'injures ou de diffamations pendant l'exercice de leurs fonctions (voir la circulaire B8 n° 2158 du 5 mai 2008, relative à la protection fonctionnelle des agents publics de l'État).

Mais ils ont également des obligations :

- **le secret professionnel** visé par le code pénal, en tant que dépositaires de renseignements concernant ou intéressant des particuliers à moins que les nécessités du service ou des obligations légales ne leur imposent la communication des informations dont ils ont eu connaissance dans l'exercice ou à l'occasion de l'exercice de leurs fonctions ;

- **obligation de discrétion professionnelle d'information au public :** loi n° 83-634 du 13 juillet 1983, article 26. « *Les fonctionnaires doivent faire preuve de discrétion professionnelle pour tous les faits, informations ou documents dont ils ont connaissance dans l'exercice ou à l'occasion de l'exercice de leurs fonctions. En dehors des cas expressément prévus par la réglementation en vigueur, notamment en matière de liberté d'accès aux documents administratifs, les fonctionnaires ne peuvent être déliés de cette obligation de discrétion professionnelle que par décision expresse de l'autorité dont ils dépendent* » ;

- **obligation d'information au public :** loi n° 83-634 du 13 juillet 1983, article 27. « *Les fonctionnaires ont le devoir de satisfaire aux demandes d'information du public dans le respect des règles mentionnées à l'article 26 loi du 13/07/83* » ;

- **obligation d'effectuer les tâches confiées :** la loi n° 83-634 du 13 juillet 1983, article 28. « *Tout fonctionnaire, quel que soit son rang dans la hiérarchie, est responsable de l'exécution des tâches qui lui sont confiées. Il n'est dégagé d'aucune des responsabilités qui lui incombent par la responsabilité propre de ses subordonnés* » ;

- **obligation d'obéissance hiérarchique :** loi n° 83-634 du 13 juillet 1983, article 28. Le fonctionnaire « *doit se conformer aux instructions de son supérieur hiérarchique, sauf dans le cas où l'ordre donné est manifestement illégal et de nature à compromettre gravement un intérêt public* ». Le refus d'obéissance équivaut à une faute professionnelle.

LA COMMISSION DE DÉONTOLOGIE DE LA FONCTION PUBLIQUE

À partir de 1995, le code de déontologie a pour mission de contrôler le départ des agents publics qui prévoient d'exercer dans le secteur privé et dans le secteur public concurrentiel.
Elle examine si ces activités privées ne sont pas incompatibles avec leurs précédentes fonctions et obligations.
Elle examine également les demandes d'autorisation de mise à disposition.

CRÉATION DU PREMIER CONSEIL NATIONAL DES SERVICES PUBLICS

Il fut créé par Manuel Valls en 2014 pour permettre de discuter des évolutions des services publics d'État.

■ LA DÉCONCENTRATION ET LA DÉCENTRALISATION

Définitions

L'État rapproche les centres de décision vers les administrés. Il existe alors deux variantes possibles d'organisation : **la déconcentration et la décentralisation**. En effet, le pouvoir local va s'exercer sur des territoires infra-étatiques qui peuvent coïncider. Nous pouvons citer l'exemple des régions, des départements et des communes, qui sont à la fois des circonscriptions administratives (déconcentration) et des collectivités territoriales (décentralisation). Toutefois, il y a une différence fondamentale entre ces deux variantes d'organisation. Dans le cadre de la déconcentration, c'est un agent de l'État qui exerce le pouvoir local, alors que dans le cadre de la décentralisation, ce sont les organes élus qui vont l'exercer.

À RETENIR

La déconcentration consiste à relayer la centralisation (pouvoir central) par agents interposés. Dans le département ou la région, le préfet relaie les décisions du Premier ministre et des ministres.

La décentralisation est une délégation d'attributions administratives du pouvoir central vers les collectivités territoriales (communes, départements, régions) assurées par les organes élus. Ces collectivités possèdent le pouvoir de la libre administration, c'est-à-dire qu'elles s'administrent librement par des conseils élus : conseil municipal, conseil général, conseil régional. Les collectivités bénéficient également d'une certaine autonomie de décision et de leur propre budget sous la surveillance d'un représentant de l'État.

Organisation des services déconcentrés

Il y a trois directions départementales interministérielles : la direction départementale de la protection des populations ; la direction départementale de la cohésion sociale ; la direction départementale des territoires.

Les directions régionales sont au nombre de huit : direction régionale des entreprises, de la concurrence, de la consommation, du travail et de l'emploi (DIRECCTE) ; direction régionale de l'environnement, de l'aménagement et du logement (DREAL) ; direction régionale de la jeunesse, des sports et de la cohésion sociale (DRJSCS) ; direction régionale de l'alimentation, de l'agriculture et de la forêt (DRAAF) ; direction régionale des affaires culturelles (DRAC) ; direction régionale des finances publiques ; rectorat d'académie ; agences régionales de santé (ARS).

ORGANISATION ET AUTONOMIE DES ÉTABLISSEMENTS RELEVANT DU MINISTÈRE DE L'ÉDUCATION NATIONALE[1]

Les collèges et les lycées dont la responsabilité et la charge incombent entièrement à l'État sont placés sous le contrôle du ministre chargé de l'éducation, qui peut déléguer ses pouvoirs en cette matière aux autorités académiques dans l'académie ou dans le département.

Les collèges et les lycées mentionnés à l'article D. 422-1 disposent en matière pédagogique et éducative d'une autonomie qui porte sur :

1° l'organisation de l'établissement en classes et en groupes d'élèves ainsi que les modalités de répartition des élèves ;

2° l'emploi des dotations en heures d'enseignement mises à la disposition de l'établissement dans le respect des obligations résultant des horaires réglementaires ;

3° l'organisation du temps scolaire et les modalités de la vie scolaire ;

4° la préparation de l'orientation ainsi que de l'insertion sociale et professionnelle des élèves ;

5° la définition, compte tenu des schémas régionaux de formation, des actions de formation complémentaire et de formation continue destinées aux jeunes et aux adultes ;

6° l'ouverture de l'établissement sur son environnement social, culturel, économique ;

7° le choix de sujets d'études spécifiques à l'établissement, en particulier pour compléter ceux qui figurent aux programmes nationaux ;

8° sous réserve de l'accord des familles pour les élèves mineurs, les activités facultatives qui concourent à l'action éducative organisée à l'initiative de l'établissement à l'intention des élèves.

1. www.legifrance.gouv.fr

FICHE N° 11 | LOI N° 2013-595 DU 8 JUILLET 2013 D'ORIENTATION ET DE PROGRAMMATION POUR LA REFONDATION DE L'ÉCOLE DE LA RÉPUBLIQUE[1]

Le ministère de l'Éducation nationale a engagé la refondation de l'École de la République qui vise à réduire les inégalités et à favoriser la réussite de tous. La loi du 8 juillet 2013 pour la refondation de l'École concrétise l'engagement de faire de la jeunesse et de l'éducation la priorité de la nation.

OBJECTIFS DE LA LOI

La loi décrit les objectifs de la refondation :

- élever le niveau de connaissances, de compétences et de cultures de tous les enfants ;
- réduire les inégalités sociales et territoriales ;
- réduire le nombre de sorties sans qualification.

PRINCIPALES MESURES

La priorité au primaire est la mesure phare de cette loi. En effet c'est au primaire que l'enfant acquiert les bases de l'apprentissage fondamental. Pour lui permettre d'apprendre dans des conditions favorables, plusieurs axes ont été mis en place :

- **incitation de la scolarisation des enfants de moins de trois ans** pour donner davantage de temps aux premiers apprentissages. Le rôle de l'école maternelle est déterminant, elle doit à la fois être centrée sur le développement affectif, social, sensoriel, moteur et cognitif de l'enfant, accorder une importance toute particulière à l'acquisition du langage, et préparer de manière progressive aux apprentissages fondamentaux dispensés à l'école élémentaire, sans pour autant les anticiper. Le projet de loi prévoit l'enseignement obligatoire d'une langue vivante dès le cours préparatoire (CP) ;
- **enseignement moral et civique** ;
- **création de plus de 3 350 postes d'enseignants** pour prévenir et remédier à la difficulté scolaire. C'est le dispositif « plus de maîtres que de classes ». Ainsi l'encadrement des élèves dans les zones les plus fragiles sera renforcé ainsi que la mise en place d'organisations pédagogiques innovantes ;

1. https://www.legifrance.gouv.fr/affichTexte.do?cidTexte=JORFTEXT000027677984&categorieLien=id

• **adaptation du rythme scolaire :** c'est la semaine de quatre jours et demi qui va permettre de mieux répartir les heures de classe sur la semaine, d'alléger la journée de classe de 45 minutes en moyenne et de programmer les séquences d'enseignement à des moments où la faculté de concentration des élèves est la plus grande ;

• **planification d'activités pédagogiques complémentaires (APC)** aux élèves. Ces activités organisées par les enseignants permettent d'aider les élèves lorsqu'ils rencontrent des difficultés dans leurs apprentissages, de les accompagner dans leur travail personnel ou de leur proposer toute autre activité prévue par le projet d'école. Chaque enseignant consacre 36 heures par an à ces activités avec les élèves, soit 1 heure par semaine en moyenne ;

• **assistance aux directeurs d'école sur le plan administratif** ;

• **aide aux enseignants dans des tâches éducatives et appui dans le cadre de la mise en place de la réforme des rythmes scolaires** ;

• **éducation au numérique.** Le projet de loi crée un service public de l'enseignement numérique ;

• **formation des enseignants dans les Écoles supérieures du professorat et de l'éducation (ESPE).** Ces écoles forment aux métiers du professorat et de l'éducation et proposent des préparations aux concours de recrutement ;

• **création d'un Conseil national d'évaluation du système éducatif** ;

• **promotion de la santé :** l'école a pour responsabilité l'éducation à la santé et aux comportements responsables. Elle contribue au suivi de la santé des élèves. La politique de santé à l'école se définit selon trois axes : l'éducation, la prévention et la protection.

De plus la devise de la République et le drapeau tricolore seront apposés sur la façade des établissements scolaires. La Déclaration des droits de l'homme et du citoyen du 26 août 1789 sera affichée de manière visible dans les locaux scolaires.

FICHE N° 12 | DÉCRET N° 2015-544 DU 19 MAI 2015 RELATIF À L'ORGANISATION DES ENSEIGNEMENTS AU COLLÈGE

C'est une réforme générale du collège. Elle vise à modifier le programme d'enseignement, l'organisation et les méthodes d'enseignement.

■ MODIFICATION GÉNÉRALE

Le contenu des enseignements visera à acquérir « *le socle commun de connaissances, de compétences et de culture* ». Décret art. 1er : « *Le collège dispense à chaque élève, sans distinction, une formation générale qui lui permet d'acquérir, au meilleur niveau de maîtrise possible, le socle commun de connaissances, de compétences et de culture défini en application de l'article L. 122-1-1 et dont l'acquisition a commencé dès le début de la scolarité obligatoire.* »
Les programmes changent donc pour toutes les matières et tous les niveaux à la rentrée 2016.

■ LES OPTIONS

Les classes Euro et le dispositif Découverte professionnelle en 3e disparaissent.
Les options de Latin, Grec et langues régionales sont maintenant des enseignements de complément.

■ LES ENSEIGNEMENTS COMPLÉMENTAIRES

Les enseignements complémentaires prennent la forme de temps :

- d'accompagnement personnalisé (AP) pour les classes de 6e ;
- d'enseignements pratiques interdisciplinaires (EPI) à partir de la 5e.

Ces heures d'enseignement deviennent obligatoires et intégrées aux horaires disciplinaires. C'est aux collèges de déterminer sur quelles heures de cours ils vont programmer ces AP et EPI.

■ L'AUTONOMIE DES ÉTABLISSEMENTS

La répartition des heures par matières et par années sera définie en conseil pédagogique et votée au conseil d'administration. Chaque collège sera différent d'un autre. L'organisation des heures devient annuelle. Par exemple un collégien en classe de 6e devra recevoir 936 heures d'enseignement (26 heures par semaines × 36 semaines annuelles).

L'enseignement est défini en cycle avec un volume défini par matière. Par exemple pour le cycle 4 : il y a 13 heures de français à répartir sur les 3 années de la 5e à la 3e. Une heure en plus sur une année sera retirée sur les deux autres années.

Le programme n'est plus annuel mais est cyclique. Le contenu des cours d'enseignement doit s'effectuer sur la durée du cycle. Chaque collège devra avec son équipe pédagogique répartir les contenus par classe pour éviter les doublons ou les manques.

FICHE N° 13| LES COMPORTEMENTS À RISQUE

DÉFINITIONS

Un **comportement à risque** désigne la tendance délibérée et récurrente d'une personne à adopter des habitudes de vie dangereuses pour elle ou pour autrui. Ce type de comportement peut se manifester sous la forme d'addictions avec consommations de substances psychoactives telles que l'alcoolisme, le tabagisme, la toxicomanie, mais aussi des addictions comportementales telles que les relations sexuelles non protégées, la conduite à grande vitesse, la dépendance aux jeux... Le but étant, pour la personne, d'assouvir à la fois sa soif de sensations fortes, de braver le danger, voire de jouer avec la mort, mais également d'atténuer provisoirement une sensation de malaise interne. La psychologie explique que ces comportements sont souvent dus à un contrôle défectueux de l'impulsivité de la personne.

Une **substance psychoactive** agit directement sur le cerveau (psycho, de *psukhê*, « âme, esprit ») et, par conséquent, influe sur le comportement, les perceptions et l'humeur de celui qui en a consommé.

QUELQUES CHIFFRES

Alcoolisme

En France, environ 5 millions de personnes sont touchées par l'alcool. La France se situe au 11ᵉ rang mondial pour la consommation d'alcool, par habitant et par an. C'est la 2ᵉ cause de mortalité évitable en France avec 52 000 décès par an (après le tabac). L'alcool est responsable à lui seul de 10 à 20 % des accidents du travail.

À RETENIR

Une forte augmentation des alcoolisations ponctuelles importantes et épisodes d'ivresse des 18-25 ans avaient été observés entre 2005 et 2010. Entre 2010 et 2014, la proportion des jeunes de 18-25 ans déclarant consommer de l'alcool toutes les semaines est passée de 36 à 40 %, soit 51 % des hommes et 30 % des femmes.

Tabagisme

La France compte aujourd'hui 14 millions de fumeurs quotidiens. Le tabac tue chaque année environ 66 000 personnes en France, ce qui en fait la première cause de mortalité évitable.

À RETENIR

Après la hausse observée entre 2005 et 2010, la prévalence du tabagisme se stabilise parmi les 15-75 ans (34,1 % de fumeurs actuels) et le tabagisme régulier apparaît en légère baisse en 2014 (de 29,1 % en 2010, il passe à 28,2 % en 2014).

L'analyse par sexe montre que la prévalence du tabagisme régulier est en baisse chez les femmes (de 26,0 % à 24,3 %). Cependant, parmi elles, l'effet de génération déjà observé en 2010 chez les 45-64 ans se prolonge en 2014, la proportion de femmes âgées de 55 à 64 ans qui fument quotidiennement continuant à augmenter.

Substances illicites

D'après le baromètre santé publié le 18 avril 2019 de l'Observatoire français des drogues et des toxicomanies, le cannabis est la première substance illicite la plus consommée (45 % des adultes l'expérimentent, 11 % en font usage dans l'année et 6 % dans le dernier mois), 10 fois plus que la cocaïne (au 5e rang, dont l'usage concerne sept fois moins de personnes) ou l'ecstasy (au 7e rang avec 5 % des adultes) et 55 fois plus que l'héroïne (tout au bas du classement).

Il ne faut pas oublier également les anxiolytiques : environ un Français sur dix déclare avoir eu recours à des anxiolytiques dans l'année, alors qu'un jeune de 17 ans sur cinq déclare avoir déjà utilisé un médicament psychotrope (sur prescription ou non). Contrairement à tous les autres produits psychoactifs, plus souvent consommés par les hommes, les usages de médicaments psychotropes sont près de deux fois plus fréquents chez les femmes.

PLAN NATIONAL DE MOBILISATION CONTRE LES ADDICTIONS 2018-2022

Ce plan qui fait suite au plan gouvernemental 2013-2017 de lutte contre les drogues et les conduites addictives est composé de 6 axes, 19 priorités et plus de 200 mesures. Il s'articule autour de 6 grands défis :

- protéger dès le plus jeune âge ;
- mieux répondre aux conséquences des addictions pour les citoyens et la société ;
- améliorer l'efficacité de la lutte contre le trafic ;

- renforcer les connaissances et favoriser leur diffusion ;
- renforcer la coopération internationale ;
- créer les conditions de l'efficacité de l'action publique sur l'ensemble du territoire.

Sida et infections sexuellement transmissibles (IST)[1]

Le nombre de contamination par le VIH, après avoir fortement baissé jusqu'en 2011, est relativement stable depuis lors. Le nombre de découvertes de séropositivité VIH est passé de 7 800 en 2004 à 6 400 en 2017 (soit 9,6 découvertes pour 100 000 habitants).

Un nombre de contaminations qui varie en fonction des populations :

- 41 % des personnes découvrant leur séropositivité en 2017 étaient des hommes ayant des rapports sexuels avec des hommes (HSH).
- Les personnes originaires d'Afrique subsaharienne contaminées par rapports hétérosexuels représentaient 33 % des découvertes de séropositivité en 2017. Les personnes nées en France contaminées par rapports hétérosexuels représentaient 14 % des découvertes.
- Les usagers de drogues injectables (UDI) représentaient 2 % des découvertes de séropositivité en 2017.
- Sur le plan géographique, le nombre de découvertes rapporté à la population est particulièrement élevé en Guyane : 109 pour 100 000 habitants. Comparativement, ce taux est proche de 20 pour 100 000 habitants en Guadeloupe, en Martinique, à Mayotte et en Île-de-France. En métropole hors Île-de-France il est de 6 pour 100 000 habitants.

Le dépistage : de nouveaux outils

Si une analyse sérologique en laboratoire de biologie médicale est toujours nécessaire pour déceler une éventuelle séropositivité, deux nouveaux outils ont fait leur apparition ces dernières années. Tous deux contribuent à la précocité du diagnostic et donc de la prise en charge.

Les tests rapides d'orientation diagnostique (TROD)

En quoi consistent-ils ? Ils consistent en un prélèvement d'une goutte de sang qui est mise en contact avec des solutions réactives au VIH. Le résultat du test est connu au bout de 30 minutes.

1. www.invs.sante.fr/Dossiers-thematiques/Maladies-infectieuses/VIH-sida-IST

Sont-ils fiables ? Ils sont fiables à condition qu'aucune conduite à risque n'ait été adoptée durant les trois derniers mois. Le résultat du test devra toujours être confirmé par un test classique en laboratoire.

Où sont-ils réalisés ? Ils sont réalisés auprès de certaines associations de santé (AIDES par exemple) et les CeGIDD (centres gratuits d'information, de dépistage et de diagnostic).

Quel est le public ciblé ? Même si ces tests s'adressent à tous les publics, ils jouent un rôle important dans le dépistage des populations particulièrement exposées au VIH (usagers de drogues injectables, personnes en grande précarité, personnes en situation de prostitution...).

Dans son rapport annuel cité précédemment, Santé publique France souligne l'intérêt de ces tests : si leur nombre est marginal par rapport à l'ensemble des tests réalisés en France, leurs résultats sont plus souvent positifs. Ceci s'explique par la nature du public auquel s'adressent les TROD.

Les autotests VIH

Où les trouve-t-on ? Ces tests sont disponibles en pharmacie depuis septembre 2015 et gratuitement dans certaines associations auprès d'un public ciblé (personnes en grande précarité ou plus fortement exposées au risque d'infection par exemple[2]).

Quel est le public concerné ? Ce nouvel outil de dépistage vise « les populations moins réceptives aux outils classiques de prévention ». L'État en met un certain nombre à disposition des associations afin de corriger les inégalités sociales liées à son coût (environ 30 euros par test).

Quelle est leur fiabilité ? Ils sont fiables à condition qu'aucune conduite à risque n'ait été adoptée durant les trois derniers mois. Le résultat du test devra toujours être confirmé par un test classique en laboratoire.

À RETENIR

La Haute Autorité de santé recommande un dépistage au cours de la vie pour l'ensemble de la population qui devrait favoriser le rattrapage de ces cas qui, en 2016, étaient 60 % à déclarer ne jamais avoir été dépistés pour le VIH.

2. Pour connaître l'ensemble des publics ciblés : voir l'arrêté du 18 août 2016 fixant les conditions particulières de délivrance de l'autotest (www.legifrance.gouv.fr).

FICHE N° 14 | ÊTRE CITOYEN EN FRANCE : DROITS ET DEVOIRS

En France, le principe de citoyenneté a été instauré par la Révolution française après le renversement de l'Ancien Régime.

■ LA CITOYENNETÉ

Définitions

La citoyenneté désigne un lien social, juridique et politique d'une personne dans un pays donné.
Ce statut de citoyen confère à la personne française :

- **des droits civiques :** avec le droit de vote et le droit de se présenter aux élections ;
- **des droits civils :** respect de la vie privée, droit d'aller et venir, liberté d'opinion, liberté de religion, liberté d'expression et d'association, droit à la sécurité et à la sûreté ;
- **des devoirs :** respect de la loi et des autres, responsabilisation de soi et de sa santé.

Autre définition de la citoyenneté selon la direction de l'information légale et administrative : « *Lien social établi entre une personne et l'État qui la rend apte à exercer l'ensemble des droits politiques attachés à cette qualité sous réserve qu'elle ne se trouve pas privée de tout ou partie de cet exercice par une condamnation pénale (privation de droits civiques). Juridiquement, un citoyen français jouit de droits civils et politiques et s'acquitte d'obligations envers la société.* »
La citoyenneté française impose l'obligation d'avoir la nationalité française.
Les étapes pour être citoyen français :

- Pour les enfants nés de parents français : la première étape commence par le recensement obligatoire dès 16 ans : depuis le 1er janvier 1999, tous les jeunes (garçons et filles) doivent obligatoirement se faire recenser à la mairie de leur domicile ou au consulat, s'ils résident à l'étranger. Vient ensuite la seconde étape : la Journée défense et citoyenneté (JDC) qui a lieu entre 16 et 18 ans ;
- Pour les enfants nés sur le territoire français de parents étrangers : c'est le « droit du sol » : la nationalité française leur revient automatiquement et de plein droit à leur majorité. Avant leur majorité, ils peuvent acquérir la nationalité sur demande de leurs parents (entre 13 et 16 ans), ou sur demande personnelle (entre 16 et 18 ans), avec des conditions de durée de résidence en France. Le jeune est ensuite soumis au même recensement que les autres jeunes Français ;

• Pour les adultes : pour obtenir la nationalité française, la personne fait une demande de naturalisation et doit respecter un délai de résidence sur le territoire. La personne est reçue lors d'un entretien pour évaluer sa bonne connaissance de la langue française et des droits et devoirs conférés par la nationalité française, ainsi que des principes et valeurs essentiels de la République. La personne signera une charte des droits et des devoirs du citoyen.

D'un point de vue juridique, la nationalité est une condition nécessaire, mais pas suffisante, pour acquérir la citoyenneté. Il faut aussi jouir de ses droits civils et politiques. Ainsi, un enfant de nationalité française ne devient citoyen français qu'à partir de 18 ans, âge de l'acquisition du droit de vote.

Quelques dates

• **24-25 octobre 1997 :** Colloque de Villepinte où l'accent est notamment mis sur la nécessaire lutte contre les incivilités.

• **28 octobre 1997 :** Mise en place par une circulaire des contrats locaux de sécurité (637 au 30 novembre 2003), dont l'un des objectifs est de prévenir les incivilités.

• **Depuis 1997,** des contrats locaux de sécurité ont été signés, impliquant tous les acteurs de la sécurité (policiers, magistrats, élus locaux, éducateurs...), et dont l'un des buts est de lutter contre ces phénomènes.

• **1999 :** Lancement de la police de proximité en tant qu'expérimentation dans certains départements. La police de proximité est généralisée en 2002 aux 468 circonscriptions de police urbaine.

• **29 août 2002 :** La loi d'orientation et de programmation pour la sécurité intérieure (LOPSI) fixe comme objectif une action plus cohérente et plus efficace des forces de sécurité intérieure.

• **18 mars 2003 :** La loi pour la sécurité intérieure (LPSI) maintient la police de proximité, accroît les moyens techniques et juridiques des forces de police et crée de nouveaux délits et sanctions, notamment liés à la mendicité ou aux rassemblements dans les halls d'immeubles.

FICHE N° 15 | ALIMENTATION, NUTRITION ET PRÉVENTION DES PATHOLOGIES

Il s'agit de prendre en compte l'impact de la nutrition dans l'apparition de pathologies telles que les cancers, les maladies cardiovasculaires liées à l'obésité, l'ostéoporose ou le diabète (type 2).
Face aux avancées de la recherche qui a réussi à mettre en valeur le lien entre apports nutritionnels, insuffisance d'activité physique et survenue de certaines maladies, les pouvoirs publics lancent en 2001[1] un programme national nutrition santé (PNNS). Ce programme préventif repose sur la promotion d'une alimentation saine mais appétissante et incite à la pratique d'une activité physique régulière. Dans ce cadre, la nutrition est d'ailleurs définie comme « *l'équilibre entre les apports liés à l'alimentation et les dépenses occasionnées par l'activité physique*[2] ».

LE PLAN NATIONAL NUTRITION SANTÉ (PNNS)

Les objectifs du PNNS

Les objectifs du plan national nutrition santé s'appuient sur les objectifs nutritionnels fixés par le Haut Conseil de la santé publique (HCSP) qui tournent autour de quatre axes :
- réduire l'obésité et le surpoids dans la population ;
- augmenter l'activité physique et diminuer la sédentarité à tous les âges ;
- améliorer les pratiques alimentaires et les apports nutritionnels, notamment chez les populations à risque[3] ;
- réduire la prévalence des pathologies nutritionnelles (dénutrition, troubles du comportement alimentaire).

Les préconisations concrètes

Elles se regroupent globalement autour de trois pôles : 12 repères, manger mieux et bouger plus.

1. Programme prolongé et actualisé de 2006 à 2010 (PNNS 2), de 2011 à 2015 (PNNS 3) puis de 2017 à 2021 (PNNS 4).
2. www.mangerbouger.fr, PNNS.
3. Par population « à risque », il faut entendre par exemple les femmes en situation de pauvreté (qui peuvent manquer de fer) ou les femmes en âge de procréer pour qui il est utile de surveiller le statut en folates...

Les 12 repères

Longtemps au nombre de 9, les repères du PNNS 2017-2021 se montent désormais à 12 et deviennent encore plus précis :

- Fruits et légumes : au moins 5 par jour (« par exemple 3 portions de fruits et 2 de légumes, 4 de légumes et une de fruit »).
- Fruits à coque sans sel ajouté : une petite poignée d'amandes, de noix, de noisettes et de pistaches.
- Légumineuses (lentilles, pois chiches, haricots...) : à consommer au moins deux fois par semaine, les légumineuses peuvent être considérées comme des substituts de viandes et de volailles.
- Produits laitiers : 2 par jour pour les adultes, 3 pour les enfants et les personnes âgées.
- Produits céréaliers complets et peu raffinés : le pain, les pâtes ou le riz par exemple sont à consommer tous les jours en privilégiant les produits complets ou peu raffinés.
- Charcuterie : il est déconseillé d'en consommer plus de 150 g par semaine. Le jambon blanc est à privilégier.
- Viande et volaille : 500 g par semaine maximum de viande, blanche (volailles) de préférence. Une diminution de la consommation de viande rouge (bœuf, porc, veau, mouton, chèvre, sanglier, biche) est conseillée.
- Poisson et fruits de mer : il est conseillé de consommer des poissons différents (poissons gras compris) 2 fois par semaine.
- Matières grasses : à limiter mais consommer de préférence les huiles végétales.
- Produits sucrés : à limiter.
- Sel : pas plus de 6 g de sel par jour pour un adulte.
- Eau : à volonté pendant et après les repas.

Il est toujours recommandé de faire au moins l'équivalent de 30 minutes par jour d'activité physique (exemple : marche rapide).

Manger mieux

Ici les préconisations peuvent être :

- générales : nécessité de repas variés et équilibrés composés d'une entrée, d'un plat de résistance et d'un dessert, importance du repas comme moment convivial (les personnes qui prennent régulièrement leurs repas en famille auraient une meilleure alimentation que les autres et moins de risques d'obésité)[4] ;

• précises et détaillées : touchant à la fois les différents moments de la vie (enfants, adolescents, futures mamans, adultes, seniors), la manière de faire les courses et de les ranger dans le réfrigérateur, proposant des menus ou des recettes à réaliser.

■ Bouger plus

Là aussi les conseils peuvent se montrer extrêmement précis et vont jusqu'à classer différentes activités[5] (passer l'aspirateur, bêcher ou arroser le jardin) en fonction de leur intensité et du temps qu'il faut passer à les pratiquer pour avoir fait suffisamment d'activités physiques dans la journée.

Quels sont les outils de communication utilisés par le PNNS ?

Outre les campagnes à la télévision, dans la presse ou sur les panneaux d'affichage, le PNNS a, comme on a pu le voir, développé des outils extrêmement pratiques à utiliser pour atteindre son but. Parmi eux, on retiendra surtout les suivants.

Une collection de brochures « la santé vient en mangeant et en bougeant » : on compte dans cette collection des titres qui s'adressent à un public varié : « le guide nutrition des enfants et ados pour tous les parents », « J'aime manger, j'aime bouger », « le guide nutrition des ados »...

Un site internet : particulièrement ergonomique, ce site est riche de toutes les informations. On y trouve même une « fabrique à menu » qui, tout en fournissant les recettes, permet de planifier et d'élaborer des repas simples, équilibrés et... appétissants. En effet, comment résister à un « risotto aux carottes glacées » ou à une « pomme de terre au four, sauce légère à la moutarde » ?

Les évaluations des PNNS sont en demi-teinte. La mission de l'inspection générale des affaires sociales (IGAS) chargée d'évaluer le PNNS 2 (2006-2010) a ainsi estimé que le dispositif devait être pérennisé, mais pas reconduit « en l'état ». De nouveaux objectifs, que nous venons de décrire, lui ont donc été assignés dès 2017.

4. www.mangerbouger.fr/Manger-Mieux/Que-veut-dire-bien-manger/Se-reunir-autour-de-repas-reguliers
5. www.mangerbouger.fr/Bouger-Plus/Que-veut-dire-bouger

■ SURPOIDS ET OBÉSITÉ

« Une épidémie mondiale »

D'après l'OMS, l'obésité atteint désormais les proportions d'une épidémie mondiale[6]. L'Organisation mondiale de la santé estime en effet qu'au moins 2,8 millions de personnes décéderaient chaque année du fait de leur surpoids ou de leur obésité. L'organisation internationale rapporte également que l'obésité n'est plus réservée aux habitants des pays à revenu élevé, mais aussi à ceux qui résident dans des pays à revenu faible ou intermédiaire[7].

Au niveau national : un taux d'obésité bas, mais qui augmente régulièrement

Comme le souligne un rapport de l'OCDE datant de 2014, « *les taux d'obésité et de surpoids en France sont parmi les plus bas de l'OCDE, mais ils ont augmenté de façon régulière* ». Les facteurs sont les suivants.

- Inégaux socialement devant l'obésité : le niveau socio-économique influe sur l'obésité des Français et des Françaises : les personnes les moins éduquées ont une probabilité d'obésité plus élevée que les plus éduquées même si les taux d'obésité croissent dans tous les groupes d'éducation.
- Un taux d'obésité infantile bas, mais en augmentation chez les garçons : le même rapport souligne que le taux de surpoids et d'obésité des enfants reste relativement bas comparé à celui des autres pays de l'OCDE (15 % d'enfants en surpoids en France contre 22 % au Royaume-Uni) même si l'évolution de ce taux chez les garçons est inquiétante.

Selon l'étude Obépi 2000 réalisée conjointement par l'Institut national de la santé et de la recherche médicale, la SOFRES et l'institut Roche, 13 millions de Français sont en situation de surpoids et plus de 4 millions sont obèses.

6. www.who.int/features/factfiles/obesity/fr

7. Selon l'OMS, « *Dans les pays à revenu faible ou intermédiaire, les enfants risquent davantage de ne pas recevoir une alimentation adaptée à leur âge, que ce soit à la naissance ou pendant leur enfance. Parallèlement, ils sont exposés à des aliments riches en graisses, en sucre et en sel, très caloriques mais pauvres en micronutriments, qui sont habituellement moins chers et de qualité nutritionnelle insuffisante.* »

L'obésité ? Une question de chiffres

Définition : l'obésité est un excès de masse graisseuse dans le corps. Elle est considérée comme une maladie chronique, car ses conséquences sont néfastes à la santé des individus.

C'est l'indice de masse corporelle (IMC) de chaque individu qui détermine s'il est obèse ou non. Il se calcule en divisant le poids d'une personne (en kg) par sa taille (en m) au carré. Alors qu'un IMC ordinaire est compris entre 18,5 et 25 kg/m², on parle d'obésité quand il dépasse les 30 kg/m².

On distingue trois types d'obésité :

- l'obésité modérée (l'IMC se situe entre 30 et 35 kg/m²) ;
- l'obésité sévère (l'IMC dépasse les 35 kg/m² tout en restant sous la barre des 40 kg/m²) ;
- l'obésité morbide (l'IMC dépasse les 40 kg/m²).

Plus l'IMC est importante, plus les risques pour la santé deviennent élevés.

On parlera de surpoids par rapport à la valeur de l'IMC d'un individu. Une personne en surpoids aura un IMC compris entre 25 et 30 kg/m², c'est-à-dire moins important que celui d'une personne obèse. À ce stade, la masse graisseuse peut commencer à avoir des conséquences sur la santé.

Les causes nombreuses et variées de l'obésité

Les causes de l'obésité sont multifactorielles, nombreuses et non exclusives.

■ L'alimentation

Une alimentation excessive provoque un déséquilibre de la balance énergétique. Le plus souvent, l'obésité apparaît lorsqu'un individu consomme plus de calories qu'il n'en dépense. Cette situation s'explique de deux manières :

- des apports caloriques excessifs : une nourriture trop sucrée, trop grasse et pauvre en vitamines, minéraux et micronutriments bons pour la santé, des portions consommées en trop grande quantité favorisent la surcharge pondérale ;
- une dépense énergétique insuffisante. C'est le mode de vie qui est ici à interroger : la sédentarité, à laquelle peuvent inciter les jeux vidéo ou la télévision ; l'utilisation de la voiture plutôt que de marcher ou de faire du vélo ; l'exercice de professions qui requièrent peu de déplacements (professions du tertiaire par exemple)...

La génétique

Certains gènes favorisent l'obésité sans toutefois l'expliquer à eux seuls. Ils peuvent par exemple influer sur la diminution de la dépense énergétique après les repas, au repos et à l'effort physique. 70 % des personnes obèses ont un parent qui se trouve ou s'est trouvé dans cette situation.

Quelques autres facteurs

Le facteur psychique : la prise de poids peut être due à différents facteurs qui peuvent agir conjointement : périodes d'anxiété, de difficultés ou de dépression ; trouble alimentaire (du grignotage à la boulimie).

Le manque de sommeil : en 2008, une étude[8] a mis en évidence le lien qui existe entre la durée de sommeil et l'IMC : si la durée de sommeil est inférieure à cinq heures par nuit, le risque d'obésité augmente de 60 %.

L'arrêt du tabac : l'arrêt du tabac, non accompagné de mesures adaptées, conduit à de fortes prises de poids.

Les médicaments : certaines pathologies requièrent la prise de médicaments qui favorisent le surpoids comme les anxiolytiques ou les antidiabétiques.

Les conséquences

Les conséquences sur la santé

Le surpoids et l'obésité facilitent l'émergence de maladies chroniques telles que les maladies cardiovasculaires, le diabète de type 2 (appelé aussi diabète gras), certains troubles musculo-squelettiques comme l'arthrose des articulations porteuses, des problèmes d'insuffisance veineuse ou d'insuffisance respiratoire (hypoventilation alvéolaire...).

8. Cappuccio F.P., Taggart F.M., Kandala N.-B., Currie A., Peile E., Stranges S., Miller M.A., *Meta-Analysis of short Sleep Duration and Obesity in Children and Adults.*

L'obésité sévère peut également provoquer des apnées du sommeil qui diminuent significativement la qualité de vie (fatigue, maux de tête, irritabilité...) et l'espérance de vie de ceux qui en souffrent (accidents de la circulation, à long terme risque d'accident vasculaire cérébral...).
Pour finir, certains cancers sont associés à des facteurs de risques, parmi lesquels on trouve l'obésité. C'est le cas notamment des cancers du sein, du colon et de l'endomètre. Les cancers de la prostate se révèlent à la fois plus fréquents et plus agressifs chez les personnes obèses.
Selon Franco Sassi, auteur de *L'Obésité et l'économie de la prévention : Objectif santé*, pour l'OCDE, « *une personne sévèrement obèse risque de mourir 8-10 ans plus tôt qu'une personne de poids normal* ».

Les conséquences psychologiques

Le surpoids et l'obésité peuvent s'accompagner d'un mal-être lié à une mauvaise perception de soi. Ce sentiment se traduit de différentes façons :
- un dégoût de soi-même allant jusqu'à un rejet de son corps ;
- une culpabilisation permanente liée, par exemple, à l'échec de régimes trop restrictifs...

Cette image de soi écornée par soi-même trouve un allié de taille dans le regard que la société porte sur les personnes obèses.

Les conséquences sociales

Les personnes obèses font l'objet de discriminations diverses et peuvent éprouver un sentiment d'exclusion et d'incompréhension dû à l'intolérance sociale (voire médicale) à laquelle ils doivent faire face.

Discrimination à l'emploi : le 9e baromètre santé sur la « Perception des discriminations dans l'emploi » réalisé conjointement par le défenseur des droits et l'Organisation internationale du travail (OIT) révèle que le surpoids peut être un handicap dans l'accès à l'emploi. Les femmes sont nettement plus concernées que les hommes par ce problème : « *Les femmes obèses rapportent huit fois plus souvent que les femmes ayant un indice de masse corporelle normal avoir été discriminées à cause de leur apparence physique. Les hommes obèses le déclarent seulement trois fois plus que les hommes de poids normal* », soulignent les auteurs de l'étude.

Discrimination salariale : le rapport de Franco Sassi cité plus haut reconnaît que « *les employeurs préfèrent des candidats de poids normal plutôt qu'obèses, du fait notamment qu'ils s'attendent à une moindre productivité. Ceci contribue à des écarts d'emploi et de salaire – aux États-Unis, plus de 40 % des femmes blanches sévèrement obèses sont inactives contre à peine plus de 30 % dans l'ensemble des femmes. Les personnes obèses gagnent jusqu'à 18 % de moins que les personnes de poids normal* ».

Discrimination sociale : Les personnes obèses font l'objet d'une véritable discrimination sociale qui s'incarne de manières différentes :

- surnoms dévalorisants, moqueries pouvant aller jusqu'à l'injure ou au harcèlement ;
- traitements humiliants : tailles de vêtements standardisées et obligation d'aller dans des magasins spécialisés, achat de deux places d'avion au lieu d'une...

Les solutions

Au niveau national : éduquer et prévenir

Le PNNS entre bien évidemment dans ce cadre. Lui a été adjoint de :

- animer et intensifier l'effort de recherche ;
- développer la prévention ;
- faciliter l'application des recommandations existantes en améliorant l'alimentation scolaire, collective et la restauration solidaire, et en développant l'activité physique pour la santé à l'école ;
- renforcer les liens entre prévention et prise en charge, particulièrement chez l'enfant.

Le plan « prise en charge de l'obésité 2019-2022 » est également entré en vigueur, avec la mise en place d'un comité chargé de son suivi. L'enjeu est de mieux prévenir la prise en charge de l'obésité, de mieux coordonner l'ensemble des professionnels de santé autour du patient dès le repérage et jusqu'aux traitements des complications. Il s'agit aussi de traiter avec une meilleure pertinence cette affection, notamment ses formes sévères. La réalisation des chirurgies bariatriques dont la fréquence a triplé en 10 ans sera mieux encadrée et sécurisée. Les principales actions de ce plan sont les suivantes.

- priorité de prévenir dès le plus jeune âge ;
- dans la continuité du 4e programme national nutrition santé lancé en septembre 2018, réduire de 15 % la prévalence de l'obésité chez l'adulte et de 20 % chez l'enfant d'ici 2023 ;
- le déploiement du nutriscore ;

• suivre les changements impulsés par Ma santé 2022 : un système de soins décloisonné et coordonné entre la ville et l'hôpital et entre les différents professionnels de santé, pour mieux prendre en charge les patients atteints de maladies chroniques, et des logiques de parcours gradués, offrant le bon soin au bon moment, du plus simple au plus expert, de manière sécurisée et pertinente.
• Dès 2020, la pratique de la chirurgie bariatrique est soumise à une autorisation des centres pouvant la pratiquer sur la base de seuils d'activité et d'engagement à respecter des critères d'une prise en charge de qualité, notamment en termes de suivi des patients.
• Dès 2020 également, chaque patient doit bénéficier d'une évaluation de son dossier dans le cadre d'une réunion de concertation pluridisciplinaire afin que lui soit proposé le traitement le plus pertinent compte tenu de son dossier médical.

Pour assurer l'organisation de ces parcours gradués entre la ville et l'hôpital, la ministre en confie le pilotage aux 37 centres spécialisés de l'obésité (CSO). Leurs missions seront renforcées pour assurer dans tous les territoires : la structuration des parcours, la diffusion des bonnes pratiques dès le repérage, l'appui pour la gestion des cas complexes et la tenue des réunions de concertation pluridisciplinaire entre la ville et l'hôpital.

Au niveau individuel

La mise en place d'un régime alimentaire adapté jumelée à la pratique d'activités physiques régulières peut être enrichie par des solutions complémentaires.

Les médicaments : certains, malgré les apparences, ne font pas maigrir. On pense ici aux diurétiques qui contribuent à l'élimination du sel, donc de l'eau et en aucun cas de la graisse présente dans le corps.

De nombreux coupe-faim sont déconseillés, voire interdits (coupe-faim de type amphétaminique), du fait de la dangerosité de leurs effets secondaires : risques d'hypertension artérielle pulmonaire, accidents cardiovasculaires...

Il existe toutefois des molécules qui permettent d'entraver l'enzyme responsable de l'absorption des graisses dans le tube digestif. Les médicaments qui fonctionnent ainsi sont à prendre sous prescription médicale, en accompagnement d'un régime et ne s'adressent qu'à deux catégories de personnes : les personnes obèses et les personnes ayant un IMC supérieur ou égal à 28, qui présentent certains facteurs de risque (hypertension, hypercholestérolémie...).

La chirurgie : plusieurs actes chirurgicaux peuvent être envisagés :

- la chirurgie gastrique (pose d'un anneau gastrique, gastrectomie...) réduit les apports alimentaires en cas d'échec de tout autre traitement médical ;
- la liposuccion (ou lipoaspiration) est une intervention qui consiste à retirer directement la graisse localisée à l'aide de canules ;
- la lipectomie (ou adominoplastie) consiste à retirer de la graisse et/ou à retendre des muscles dans la zone du ventre.

La cure thermale : elle intervient dans le traitement de l'obésité comme de ses conséquences (arthrose, rhumatisme...).
Elle prodigue des soins externes (douche au jet, douche pénétrante), ainsi qu'un soutien diététique (suivi par un nutritionniste, ateliers de pratiques culinaires, ateliers sur le comportement alimentaire...) et psychologique.

LES TROUBLES DU COMPORTEMENT ALIMENTAIRE (TCA)

Définition

Les troubles du comportement alimentaire sont des conduites alimentaires pathologiques qui, selon la Société de nutrition et de diététique de langue française, se caractérisent de trois manières :

- elles diffèrent de façon importante sur le plan qualitatif ou quantitatif de la conduite habituelle des individus vivant dans le même environnement nutritionnel, social et culturel ;
- elles entraînent des conséquences néfastes sur la santé physique (obésité, dénutrition, carences) ou psychologique (sentiment d'anormalité, exclusion sociale, obsession, dépression...) ;
- elles témoignent d'une difficulté existentielle, d'une souffrance psychologique ou d'une lésion du système biologique qui contrôle la prise alimentaire.

Les troubles du comportement alimentaire sont ainsi des conduites alimentaires perturbées que certains rapprochent du comportement addictif (des addictions sans drogue, c'est-à-dire purement comportementales) et qui sont à l'origine de troubles physiques et psychologiques. Les TCA touchent beaucoup plus de femmes que d'hommes. Ils débutent souvent à l'adolescence.
Les troubles du comportement alimentaire sont à distinguer des désordres de la prise alimentaire, qui ne s'inscrivent pas nécessairement dans le cadre d'un comportement addictif, mais peuvent, par exemple, être consécutifs à l'ennui (le grignotage) ou liés à une maladie générale : l'anorexie du patient cancéreux par exemple.

Les causes

Les TCA sont causés par de multiples facteurs. Parmi eux, on peut évoquer les facteurs génétiques, biologiques (modifications neurologiques et métaboliques des systèmes de régulation de l'appétit) ou encore psychologiques (baisse de l'estime de soi, épisodes dépressifs...).
Les milieux professionnels dans lesquels le corps et certaines de ses caractéristiques (maigreur...) seraient fortement valorisés favoriseraient l'apparition de TCA (mannequins, danseurs...).

Les TCA les plus fréquents

L'anorexie mentale

La personne souffrant d'anorexie mentale se sent perpétuellement en surpoids et cherche à maigrir par tous les moyens alors que son poids est déjà inférieur à la normale. Pour ce faire, elle refuse de s'alimenter, malgré la sensation de faim, et nie la gravité de sa maigreur, gravité qu'elle ne perçoit pas. Cela passe notamment par le contrôle des calories de tous les aliments consommés.
Entre 0,9 et 1,5 % des femmes et 0,2 à 0,3 % des hommes sont concernés par l'anorexie mentale. 90 % des cas sont des filles. L'apparition de la maladie se fait le plus souvent entre 13-14 ans et 16-17 ans[9]. Les complications sont nombreuses : dénutrition, hypofertilité et même boulimie...

La boulimie

Une crise de boulimie a deux caractéristiques :
- une très grande quantité de nourriture est absorbée sans plaisir ni faim, à n'importe quel moment ;
- cette absorption s'accompagne d'un sentiment de perte de contrôle.

Une fois cette quantité consommée, la personne boulimique adopte des « *comportements compensatoires inappropriés et récurrents visant à prévenir la prise de poids tels que vomissements provoqués, emplois abusifs de laxatifs, diurétiques, lavements ou autres médicaments, jeûne, exercice physique excessif* ».
La boulimie touche en majorité les femmes (83 % des boulimiques). Alors que l'anorexie apparaît le plus souvent chez des filles encore mineures, moins de 40 % des boulimiques ont moins de 25 ans.

9. www.ameli-sante.fr, « Anorexie mentale : définition et causes », 12 février 2020

■ L'hyperphagie incontrôlée *(binge eating disorder)*

Ce trouble a les mêmes caractéristiques que la boulimie, à l'exception qu'il ne s'associe pas à l'adoption de comportements compensatoires. Il occasionne par conséquent des cas de surpoids et d'obésité.

Les solutions

Deux prises en charge sont nécessaires et complémentaires.

■ Une prise en charge nutritionnelle

Elle a pour but de corriger la malnutrition en :
- fixant des objectifs pondéraux réalistes ;
- réduisant la restriction alimentaire.

Une nutrition entérale discontinue d'appoint est incontournable quand la survie d'une personne anorexique est en jeu.

■ Une prise en charge psychothérapique

Cette prise en charge se déroule le plus souvent en deux temps :
- aider le malade à lutter contre ses angoisses et son état dépressif face à la prise de poids (anorexie mentale) ou à la réorganisation de l'alimentation autour de repas (boulimie et anorexie mentale) ;
- effectuer une psychothérapie explicative qui travaillera, par exemple, sur la valorisation des matières grasses à un juste niveau ou sur le comportement à adopter à table.

Compte tenu du nombre important de jeunes gens atteints par ces troubles, les thérapies familiales ont souvent une place importante dans le processus.

FICHE N° 16 | INFIRMIER CONSEILLER TECHNIQUE (ICT)[1]

DÉFINITION

L'infirmier conseiller technique (ICT) est placé auprès des recteurs ou des IA-DASEN[2]. Il assure la liaison entre les infirmiers scolaires et l'administration. Il apporte une expertise sur la dimension des soins infirmiers afin d'améliorer la prise en compte des conditions de travail des infirmiers et les moyens nécessaires pour mener à bien les missions qui leur sont confiées.
Son périmètre d'action est départemental, rectoral et ministériel.

L'INFIRMIER CONSEILLER TECHNIQUE AUPRÈS DU RECTEUR (ICTR)

Sa mission

L'infirmier conseiller technique auprès du recteur (ICTR) a pour mission de contribuer à la politique de santé des élèves de l'académie. Il assiste le recteur dans l'élaboration, l'impulsion, la coordination et l'évaluation de la politique académique en matière de santé.

Ses compétences spécifiques

- animer et coordonner des infirmiers conseillers techniques responsables du département (ICTD) ;
- encadrer l'activité des infirmiers dans le domaine de l'expertise professionnelle (arrêté du 14 février 1991[3]) ;
- élaborer et mettre en œuvre une politique rectorale de formation continue des personnels infirmiers s'appuyant sur les directives nationales mais aussi sur les besoins émanant des demandes de terrain ;
- organiser un tutorat professionnel ;

1. www.education.gouv.fr/pid285/bulletin_officiel.html?cid_bo=91584
2. Inspecteur d'académie - directeur académique des services de l'Éducation nationale. L'IA-DASEN exerce son autorité, par délégation du recteur, sur l'ensemble des services et établissements de l'Éducation nationale, à l'exclusion de ceux de l'Enseignement supérieur, toujours placés sous la responsabilité directe du recteur.
3. Arrêté du 14 février 1991 relatif à la définition des responsabilités particulières ou du rôle d'encadrement des infirmiers en chef et des infirmières en chef du corps particulier du ministère de l'Éducation nationale.

- évaluer les projets départementaux ;
- participer aux différents groupes de pilotage (développement de l'intégration des élèves atteints d'un handicap, comité d'éducation à la santé et à la citoyenneté) ;
- cibler les priorités dans le domaine de la prévention, du dépistage, de l'éducation, de l'information, de l'accompagnement et du suivi ;
- évaluer la cohérence des actions réalisées par les différents acteurs et renforcer leur collaboration ;
- diffuser aux départements le protocole national sur l'organisation des soins et des urgences dans les écoles et les établissements publics locaux d'enseignement ;
- mettre en place une banque de ressources documentaires académique.
- assurer, en tant que de besoin, la représentation de l'institution dans les différentes instances de santé, et en particulier au sein des agences régionales de santé (ARS).

L'INFIRMIER CONSEILLER TECHNIQUE RESPONSABLE DU DÉPARTEMENT AUPRÈS DE L'INSPECTEUR D'ACADÉMIE (ICTD)

Sa mission

Sa mission est de mettre en œuvre la politique de santé arrêtée par le ministre et les orientations définies par le recteur. Il favorise une réflexion permettant de déterminer les actions prioritaires du département en prenant en compte les besoins du terrain.

Ses compétences spécifiques

- Animer, coordonner et réfléchir autour de la politique de santé en faveur des élèves ;
- mettre en œuvre des actions prioritaires définies sur le plan national et déclinées au plan académique ;
- élaborer un programme d'actions à promouvoir ainsi que leur mise en œuvre ;
- participer aux groupes de travail départementaux mis en place par le préfet dans le cadre des programmes régionaux de santé ;
- diffuser des programmes d'action des infirmiers auprès des inspecteurs de l'Éducation nationale, des directeurs d'école, des inspecteurs pédagogiques régionaux et chefs d'établissement afin qu'ils les intègrent dans les projets d'école et d'établissement ;
- élaborer l'information statistique Éducation nationale - affaires sociales dans le domaine de l'adaptation et l'intégration scolaire des élèves atteints d'un handicap ;

- assurer l'accompagnement professionnel des infirmiers nouvellement nommés ;
- transmettre aux infirmiers de terrain le protocole national sur l'organisation des soins et des urgences ;
- donner un avis technique sur les habilitations sollicitées par les associations départementales ou locales souhaitant intervenir en milieu scolaire.

FICHE N° 17 | PLAN SÉGUR DE LA SANTÉ

ORIGINE

Tout a commencé le vendredi 15 mai 2020 à la Pitié-Salpêtrière, où après dix semaines de crise sanitaire, Emmanuel Macron avait évoqué la première fois un « Ségur de la santé ». Le 25 mai 2020, Olivier Véran, ministre des Solidarités et de la Santé, organise une « grande réunion multilatérale en visio-conférence avec les partenaires sociaux en direct du ministère » pour améliorer les conditions de travail du personnel hospitalier et la prise en charge des patients. Le nom « Ségur de la santé » correspond à l'adresse de la Commission nationale consultative des droits de l'homme, 20 avenue de Ségur à Paris. Durant sept semaines, les partenaires sociaux et les membres du ministère organiseront des groupes de travail et des retours d'expérience sur le Covid-19 pour dresser une feuille de route pour mi-juillet 2020.

OBJECTIFS

L'objectif principal est de définir un plan massif d'investissement et de revalorisation pour l'hôpital. D'autres objectifs sont poursuivis par les partenaires sociaux et les professionnels de santé :

- revalorisation des salaires du personnel soignant pour lesquels les salaires sont les plus bas de l'OCDE ;
- remise en cause des 35 heures qui n'ont jamais été concrètement appliquées sur le terrain faute de recrutements ;
- valorisation des carrières en développant de nouveaux parcours professionnels, en rendant attractif le secteur hospitalier auprès des jeunes et en fidélisant les professionnels ;
- centralisation du système de santé sur le patient : la crise sanitaire du Covid-19 a montré les lacunes du pilotage du système de santé français. Olivier Véran souhaite améliorer sa gouvernance pour le rendre plus performant ;
- investissement et couverture de la dette de l'hôpital : le budget concernera les hôpitaux et les EHPAD.

L'ÉPREUVE D'ADMISSIBILITÉ

PARTIE III

1 | MODALITÉS DE L'ÉPREUVE D'ADMISSIBILITÉ

L'épreuve d'admissibilité consiste à répondre à une ou plusieurs questions concernant l'exercice de la profession d'infirmier. La durée totale de l'épreuve est de 3 heures, elle est notée sur 20 points et compte coefficient 1. Une note inférieure à 08/20 est éliminatoire.

Les thèmes des questions présentées portent sur les matières figurant au programme fixé pour l'obtention du diplôme d'État d'infirmier et sont abordés dans le cadre des missions que sont amenés à remplir les infirmiers de l'Éducation nationale et de l'Enseignement supérieur.

2| BUT DE L'ÉPREUVE

Elle consiste à évaluer les connaissances théoriques du candidat sur la profession infirmière ainsi que sur les missions au vu des matières fixées par le référentiel infirmier de 2009, modifié par l'arrêté du 16 décembre 2018.

3| MÉTHODOLOGIE

Pour préparer cette épreuve écrite, il est indispensable de reprendre les matières théoriques enseignées pour le diplôme infirmier. Effectivement, le contenu de six semestres reste très fastidieux, mais il faut garder à l'esprit que les questions abordées au concours sont en lien avec les missions que doit tenir l'infirmier en milieu scolaire.

Toutefois le candidat doit être capable de répondre aux questions sans faire de hors sujet. Il est donc essentiel de bien comprendre l'intitulé du sujet pour y répondre de façon pertinente.

La difficulté de cette épreuve réside dans la gestion du temps et le fait de mobiliser ses connaissances. Nous vous proposons une méthodologie simple à mettre en application le jour du concours.

COMPRENDRE LA CONSIGNE

En fonction des verbes employés dans le libellé du sujet, un mode de réponse est attendu par le jury. Habituellement, dans les libellés de sujets, il y a des questions courtes et des grandes questions.

Le premier type de questions requiert des réponses courtes ou un élément de réponse précis.

Le second type de questions ouvertes amène le candidat à rédiger une réponse construite et détaillée pour donner, par exemple, son point de vue, le descriptif des actions face à une situation de soins...

Voici un récapitulatif des verbes usuels employés et ce qu'ils sous-entendent en termes de réponses.

Argumenter	Justifier son point de vue
Citer	Lister des éléments de réponse
Commenter	Analyser puis expliquer
Développer	Exposer, apporter des éclaircissements
Discuter	Commenter et expliciter
Énoncer	Exprimer avec précision et brièvement
Énumérer	Énoncer sans apport de développement
Expliquer	Faire comprendre
Exposer	Présenter et expliquer de façon ordonnée

Identifier	Reconnaître
Illustrer	Utiliser des exemples
Justifier	Démontrer
Livrer une opinion	Exprimer une réflexion personnelle
Réfuter	Dénoncer, contester
Repérer	Reconnaître

MOBILISER SES CONNAISSANCES

Après la première étape de compréhension de la consigne, vous pouvez à présent utiliser vos connaissances en lien avec le contenu théorique de la formation d'infirmier pour répondre à la question.

RÉDIGER LA RÉPONSE

Vous devez soigner votre écriture et respecter la syntaxe et l'orthographe du vocabulaire médical. N'oubliez pas que vous êtes déjà un professionnel de santé et que ces éléments de terminologie médicale vous sont connus. Le jury sera amené à sanctionner les fautes d'orthographe. Parfois un nombre de points est réservé pour tenir compte de ce dernier critère.

EXERCICES D'ENTRAÎNEMENT DE COMPRÉHENSION DE LA CONSIGNE

Pour chaque libellé de sujet, définir le mode de réponse attendu.

a) « Citer quatre conseils à donner à un adolescent asthmatique. »

b) « Si vous réussissez le concours d'infirmier de l'Éducation nationale et de l'Enseignement supérieur, par quel statut serez-vous régi ? »

c) « Décrivez chronologiquement vos actions auprès d'un élève retrouvé inconscient dans sa chambre. »

d) « Une jeune fille de 14 ans vient à l'infirmerie et vous fait part du fait qu'elle a subi des violences par son père. Vous l'examinez et vous apercevez des hématomes. Quelle sera votre conduite ? »

e) « Expliquez votre rôle sur prescription et votre rôle propre face à cette adolescente. »

Réponses

a) « Citer » : dans cet exemple, vous devez lister les conseils à donner à un adolescent. Vous ne devez pas justifier vos réponses mais seulement les énumérer. Souvent, vous pouvez rédiger une phrase d'introduction ; par exemple : « Les conseils à donner à cet adolescent sont... » et vous listez les conseils.

b) Dans ce type de question, le jury attend une réponse précise, c'est-à-dire le statut de l'infirmier scolaire (agent de la fonction publique et classé en catégorie A).

c) « Décrire » : cette question sous-entend que vous devez établir, par étapes chronologiques, les actions à mettre en place par l'infirmier face à un élève inconscient. Pour y répondre, vous devez vous imaginer votre intervention auprès de cet élève sans rien omettre. La notation va tenir compte de l'exhaustivité des réponses de la conduite à tenir de l'infirmier.

d) Dans ce type de question ouverte, le jury souhaite évaluer vos connaissances réglementaires sur la conduite à tenir en cas de violences sur un mineur (signalement...).

e) Ce type de question invite le candidat à expliquer précisément en donnant la définition du rôle prescrit et du rôle propre de l'infirmier en s'appuyant sur la situation décrite dans le libellé.

L'ÉPREUVE D'ADMISSION

PARTIE IV

1 | MODALITÉS DE L'ÉPREUVE D'ADMISSION

Cette épreuve consiste en un entretien du candidat avec le jury pendant 30 minutes. L'épreuve est notée sur 20 points et compte coefficient 2. Pour être admis, le candidat devra obtenir la note de 10/20.

À SAVOIR

Si plusieurs candidats ont obtenu le même nombre total de points au concours, la priorité sera donnée à celui qui a obtenu la note la plus élevée à l'épreuve orale d'admission. Vous devez donc soigner votre intervention lors de cette épreuve orale.

Elle débute par un exposé du candidat d'une durée de 10 minutes au maximum sur sa formation et, le cas échéant, son expérience professionnelle. Nous vous proposons au paragraphe « Méthodologie » les clés de réussite et les conseils pour préparer cet exposé.

Au cours de cette audition, le candidat peut également développer, s'il le souhaite, un projet professionnel. L'exposé est ensuite suivi d'une discussion avec le jury, d'une durée de 20 minutes au minimum. La discussion avec le jury peut s'engager à partir des éléments présentés par le candidat au cours de son exposé et de ceux figurant dans le dossier qu'il a déposé lors de son inscription.

2| BUT DE L'ÉPREUVE

Elle est destinée à apprécier la motivation et les qualités de réflexion du candidat ainsi que ses connaissances professionnelles et son aptitude à exercer sa profession au regard de l'environnement professionnel des infirmiers de l'Éducation nationale et de l'Enseignement supérieur, et des missions qui leur sont dévolues.

En outre, des questions portant, notamment, sur les règles applicables à la fonction publique de l'État et à l'organisation générale des services centraux, des services déconcentrés et des établissements publics relevant du ministre chargé de l'Éducation nationale et du ministre chargé de l'Enseignement supérieur peuvent être posées par le jury.

Seuls l'exposé et l'entretien avec le jury donnent lieu à la notation, à l'exclusion du dossier déposé par le candidat lors de son inscription.

3| MÉTHODOLOGIE

AVANT LE JOUR J

Vous avez la chance de pouvoir préparer votre intervention orale devant le jury. Nous vous proposons de préparer au mieux cet exposé qui doit principalement aborder votre candidature et votre parcours professionnel.

Analyse de ma candidature

Ce travail de rétrospection de soi est indispensable pour présenter sa candidature au jury. Vous devez vous poser certaines questions sur votre personnalité :

- Qui suis-je ?
- Quelles sont mes valeurs ?
- Quels sont mes points forts et mes points faibles ?
- Quelles sont mes difficultés ?
- Quelles sont mes ressources (essayez de vous demander si elles pourraient vous aider à surmonter vos faiblesses ; sinon, questionnez-vous sur les moyens qui pourraient vous permettre de les dépasser : capacité d'écoute, prise de distance avec son histoire personnelle, ouverture vers les autres, curiosité intellectuelle, entraide...) ?
- Comment je gère mes difficultés ?
- Quelles sont les valeurs que j'ai priorisées pendant mon expérience de professionnel de santé ?

> Il est conseillé d'interroger votre entourage proche sur votre personnalité, vos défauts, qualités... car c'est de cette manière que vous allez croiser les points de vue de vos proches avec ce que vous avez pu dégager lors de cet état des lieux sur votre candidature.

Analyse de mon parcours professionnel

Cette seconde partie de l'exposé vise à présenter au jury votre parcours professionnel. Pour faire ce travail de bilan d'expérience, nous vous donnons quelques pistes à analyser :

- Quel a été mon parcours professionnel (standard ou atypique, reclassement professionnel...) ?

- Quelles sont les expériences que j'ai acquises qui vont me permettre de confirmer ce projet professionnel ?

- Lister tous vos **postes professionnels**.

- En face de chaque poste tenu, mettre en évidence **les compétences acquises** : savoir (connaissances théoriques), savoir-faire (les soins techniques, les soins relationnels...), savoir-être (posture dans les soins, empathie, écoute active...), **globalement, c'est savoir agir en situation, savoir agir en tenant compte d'autrui**.

- Savoir devenir (votre projet professionnel, vos perspectives de carrière comme votre candidature aujourd'hui pour devenir infirmier en milieu scolaire).

- Ce que j'ai réussi dans ma carrière.

EN RÉSUMÉ

Le candidat souhaitant s'orienter vers la profession d'infirmier scolaire doit interroger son parcours professionnel et personnel pour dégager toutes ses compétences acquises à travers :

- l'expérience technique acquise à partir de son métier d'origine ;
- les situations d'encadrement et d'animation d'un groupe ;
- la gestion d'un projet, les éventuelles interventions pour faire de la formation ou de la sensibilisation à un public donné.

Entraînement à la prise de parole

Vous devez également vous entraîner à la prise de parole devant un public. Pour y arriver, la meilleure façon est de s'entraîner : soit devant un miroir, soit face à votre entourage, l'objectif principal étant de savoir maîtriser ses émotions et gérer son stress. Répéter autant de fois que nécessaire l'exposé que vous avez rédigé en vous enregistrant et en vous chronométrant.

ÉPREUVE D'ADMISSION LE JOUR J

La veille de la date de votre entretien, prévoyez de :

- vous relaxer en mettant de côté les révisions de dernière minute ;
- manger léger ;
- préparer votre convocation et une pièce d'identité ;
- dormir tôt car, selon les académies où vous allez passer votre entretien, il va falloir probablement vous lever tôt pour vous y rendre. Il est vivement conseillé, quelques jours avant l'examen, de repérer où se trouve le lieu pour ne pas avoir à chercher l'adresse le jour J.

Le jour J, vous devez être à l'heure : passé l'heure de convocation, le jury peut refuser votre participation. Il est indispensable de soigner votre tenue vestimentaire tout en choisissant des vêtements confortables. De même, vous devez soigner votre intervention orale. Pour cela, il est vivement conseillé :

- au moment de votre entrée dans la salle, de saluer le jury poliment et avec le sourire ;
- d'attendre que le jury vous demande de vous asseoir.

Gestion du temps

Vous devez vous limiter au temps maximum fixé par la réglementation du concours, soit pas plus de 30 minutes au total (exposé et entretien) sous peine d'être sanctionné par le jury.

Exposé

Étant donné que vous avez bien préparé votre exposé, il faut veiller à ne pas donner l'impression de réciter votre texte. Votre intervention devra être naturelle, fluide et compréhensible. Marquez des temps d'arrêt entre chaque partie de votre exposé. Tout en relatant votre travail, essayez de garder un contact visuel avec chacun des membres du jury. Ne soyez pas impressionné : chaque jury est différent et son attitude ne doit pas être interprétée. En effet, un jury qui sourit ne veut pas forcément vous laisser entendre que votre prestation est exemplaire. Au contraire, un jury qui reste figé ou passif ne veut pas forcément vous laisser entendre que votre prestation est catastrophique.

Entretien de motivation

Après avoir conclu son exposé oral, le candidat va s'exprimer sur son projet professionnel et sa motivation à s'orienter vers le métier d'infirmier scolaire.

Ce second temps de l'entretien est un véritable entretien d'embauche : le candidat doit convaincre le jury qu'il possède toutes les capacités de maturation et d'empathie pour occuper un poste d'infirmier dans l'Éducation nationale et l'Enseignement supérieur, et que son projet est réfléchi et cohérent.

C'est durant ce second temps que le jury va tenter de faire connaissance avec vous et confirmer que votre projet professionnel est bien cohérent par rapport aux échanges lors de l'entretien. N'essayez pas de feindre vos motivations ou de vous prendre pour quelqu'un que vous n'êtes pas : le jury est composé de professionnels qui vont vite repérer ces jeux de rôle. Le jury repère les candidats qui ont un fort débit de parole mais qui n'ont pas le profil attendu pour ce type de poste, comme les candidats qui ont du mal à exprimer leurs intentions mais qui collent aux critères attendus pour le poste d'infirmier scolaire.

Certains jurys chercheront à vous contredire pour évaluer vos réactions et votre ouverture d'esprit.

Ce test permet aussi de cerner votre maîtrise des émotions et votre potentiel d'argumentation. Le jury peut vous questionner sur vos qualités et défauts.

Les dimensions évaluées par le jury

Chaque jury suit une grille d'évaluation avec des objectifs et des critères à repérer chez le candidat. Les dimensions évaluées portent essentiellement sur les qualités de réflexion du candidat ainsi que sur ses connaissances professionnelles et son aptitude à exercer sa profession au regard de l'environnement professionnel des infirmiers de l'Éducation nationale et de l'Enseignement supérieur, et des missions qui leur sont dévolues.

Le jury peut également interroger le candidat sur les règles applicables à la fonction publique de l'État et à l'organisation générale des services centraux, des services déconcentrés et des établissements publics relevant du ministre chargé de l'Éducation nationale et du ministre chargé de l'Enseignement supérieur. Vous devez donc maîtriser les fondements et les règles qui définissent la fonction publique de l'État.

ANNALES 2015-2019

PARTIE V

SUJET N° 1 | LILLE, AVRIL 2019

SUJET

Question 1

Vous êtes infirmier scolaire dans un lycée professionnel et Elisa, élève interne de 17 ans en section « conduite transport routier » vous est signalée par des professeurs de théorie et de pratique de conduite, comme étant passive, parfois anormalement euphorique, souvent somnolente et avec des résultats scolaires en baisse... Les craintes s'avèrent justifiées et l'élève avoue consommer du cannabis. Dans un second temps, vous apprenez qu'elle consomme également de l'alcool lors de ses sorties le week-end.

1. Quelle est votre démarche immédiate auprès de cette élève ?
2. Quelles actions mettez-vous en place pour prendre en charge ces addictions et avec quels partenaires ?
3. De façon individuelle ?
4. De façon collective ?

Question 2

Vous êtes infirmier dans un collège. Vous programmez le dépistage infirmier obligatoire (soit un groupe de 50 élèves).

1. Définissez le dépistage infirmier.
2. Comment l'organisez-vous ?
3. Énumérez les actes infirmiers.

■ CORRIGÉ

Question 1

1. Quelle est votre démarche immédiate auprès de cette élève ?

Compréhension de la consigne du libellé du sujet : la démarche immédiate auprès d'Elisa.

Conformément à la circulaire du 10 novembre 2015[1], « *l'infirmier(e) accueille tout élève ou étudiant qui le sollicite pour quelque motif que ce soit, y compris d'ordre relationnel ou psychologique, dès lors qu'il y a une incidence sur sa santé ou sa scolarité* ».

Dans la situation d'Elisa, la consommation de cannabis (substance illicite) et d'alcool représente un comportement à risque pour cette étudiante. La démarche immédiate à effectuer auprès de cette étudiante est :

- d'abord de rencontrer Elisa pour lui expliquer que l'infirmier scolaire est un professionnel habilité à l'aider concernant sa consommation de produits illicites et également licites ;
- la rassurer sur la confidentialité des échanges qui se feront à son sujet ;
- établir une relation de confiance avec l'étudiante en l'écoutant et ne pas la juger sur les déviances de son comportement. En effet, Elisa a 17 ans, c'est la tranche d'âge où l'adolescente se cherche, a des comportements exploratoires ;
- aider l'étudiante à s'exprimer sur sa situation actuelle (personnelle et également estudiantine) : Comment se passe sa formation ? Comment se passe la vie à la maison le week-end ? Il est essentiel de mettre en place un entretien motivationnel qui va se centrer sur les processus de motivation intrinsèque de l'étudiante. En effet, l'infirmier va essayer de favoriser la motivation d'Elisa au changement sachant que sans cela, l'ignorance des conséquences et la prise de risque est majorée. L'infirmier va chercher alors à l'informer dans un premier temps puis essayer de l'amener à trouver des solutions d'elle-même pour changer son comportement ;
- reformuler les propos d'Elisa pour les valider avec elle ;
- l'objectif de l'entretien d'aide visera à identifier le nombre de prises de cannabis, et les situations où Elisa se sent obligée de les prendre. Que ressent-elle avant de prendre ces substances ? Est-ce de la peur ? de l'anxiété ? une situation stressante ? Ces questions permettront de connaître le seuil de consommation d'Elisa : L'expérimentation ? Usage récréatif ? Usage intensif ? Ou dépendance avérée ?

---

1 http://www.education.gouv.fr/pid285/bulletin_officiel.html?cid_bo=91584

- Expliquer à Elisa que la prise de ces substances est nocive pour sa santé. La consommation répétée aura des conséquences graves sur sa santé tant sur ses facultés intellectuelles (amnésie, somnolence, manque de concentration...) que physiques (risques d'accidents, atteinte hépatique, cérébrale...) ;
- rappeler également à l'étudiante que le cannabis est une substance illicite donc interdite par la loi.

2. Quelles actions mettez-vous en place pour prendre en charge ces addictions et avec quels partenaires ?

L'infirmier scolaire doit associer le médecin scolaire, les autres membres du conseil pédagogique, le CPE, le chef d'établissement et également les parents d'Elisa (en recueillant son consentement pour les associer à la démarche). L'infirmier en partenariat avec le chef d'établissement devra veiller à ce que toute l'équipe pédagogique soit formée aux concepts suivants : adolescence, conduites addictives, les substances licites et illicites, la réglementation.

3. De façon individuelle ?

En fonction du recueil de données du premier entretien avec Elisa, l'infirmier scolaire en partenariat du médecin scolaire, doit orienter Elisa vers un centre de consultation jeunes consommateurs de leur commune pour qu'elle puisse être prise en charge rapidement. Toutefois l'infirmier scolaire doit continuer à suivre l'étudiante dans son parcours de soins. Cela peut entretenir la relation de confiance avec Elisa et être un relais pour elle dans le lycée.

4. De façon collective ?

Au vu du cas d'Elisa dans ce lycée, il est indispensable de mener une action collective de prévention auprès de tous les étudiants. En ce sens, l'article L. 312-18 du code de l'éducation dispose qu'une « *information soit délivrée sur les conséquences de la consommation de drogues sur la santé, notamment concernant les effets neuropsychiques et comportementaux du cannabis, dans les collèges et les lycées, à raison d'au moins une séance annuelle, par groupes d'âge homogène* ».
Le nouveau plan gouvernemental de mobilisation contre les conduites addictives coordonné par la mission interministérielle de lutte contre la drogue et les conduites addictives (MILDECA), place également l'école comme un acteur de premier plan dans la politique de prévention des conduites addictives.

Ces actions de prévention collectives porteront auprès des étudiants sur :

- les connaissances relatives à leur santé et leur bien-être, notamment dans le domaine des addictions ;

- des informations sur les produits (tabac, alcool, drogues illicites), leurs effets et sur la législation en vigueur ;
- une mise à distance critique des stéréotypes et des pressions sociales poussant à la consommation ;
- une information sur les ressources d'aide et de soutien dans et à l'extérieur de l'établissement.

Ce sont des séances d'information et de prévention, à raison d'au moins une séance annuelle, planifiées dans l'emploi du temps des élèves. Ces séances abordent en priorité la prévention des produits les plus fréquemment consommés selon les niveaux de classe.

Dans le cadre du projet d'établissement, en lien avec le Comité d'éducation à la santé et à la citoyenneté (CESC), les établissements scolaires peuvent signer une convention de partenariat avec la consultation jeunes consommateurs référente située à proximité afin de systématiser les échanges et les liens entre l'équipe de la consultation jeunes consommateurs et la communauté éducative.

Question 2

1. Définissez le dépistage infirmier.

Le dépistage infirmier s'effectue dans le cadre du rôle propre de l'infirmier. Il vise à détecter précocement les difficultés d'apprentissage des élèves et les difficultés de santé. Ce rôle s'inscrit dans le cadre des actions de prévention et d'éducation en matière d'hygiène et de santé individuelle et collective. Ce temps de dépistage sert à déterminer les examens à demander au médecin scolaire.

LE DÉPISTAGE INFIRMIER

Dans le cadre du bulletin officiel spécial n° 1 du 25 janvier 2001 et plus particulièrement de la circulaire n° 2001-014 du 12 janvier 2001 « Orientations générales pour la politique de santé en faveur des élèves », les infirmiers pratiquent des dépistages infirmiers :

- dans les écoles maternelles auprès des élèves de grandes sections (repérage des troubles spécifiques du langage) ;
- dans les écoles élémentaires auprès des élèves de CE2 et CM2 (en REP + et REP) ;
- dans le second degré, auprès des élèves de 6e ou 5e.

La réalisation de ce bilan infirmier s'effectue dans le cadre d'un travail en équipe entre infirmiers, médecins, enseignants et psychologues scolaires, dans l'intérêt de l'élève.

L'infirmier peut participer, en fonction de son rôle propre, à la détection précoce des difficultés d'apprentissage de l'élève.

L'infirmier organise, si besoin est, le suivi de l'état de santé des élèves en vue de repérer les difficultés éventuelles de santé ou les élèves fragilisés. Ce suivi s'inscrit dans le cadre des actions de prévention et d'éducation en matière d'hygiène et de santé individuelle et collective.

2. Comment l'organisez-vous ?

Nous savons qu'il y a 50 élèves du collège à recevoir. Il faut donc programmer ces visites en partenariat avec les membres du conseil pédagogique à savoir le médecin scolaire, le CPE, le chef d'établissement, l'association des parents d'élèves. Un courrier sera envoyé aux parents pour les informer de ce dépistage infirmier. Un planning sera défini avec le CPE et adressé au chef d'établissement et à tous les enseignants.

Ce dépistage se fera dans le local de l'infirmerie, assurant ainsi l'intimité et la confidentialité du dépistage aux élèves.

3. Énumérez les actes infirmiers.

Durant ce dépistage, l'infirmier est amené à réaliser :

- l'entretien avec l'élève ;
- les examens biométriques ;
- l'examen bucco-dentaire ;
- la surveillance de l'hygiène générale ;
- le dépistage des troubles sensoriels ;
- la prise de tension artérielle ;
- le dépistage des handicaps ou anomalies du squelette ;
- la vérification des vaccinations ;
- la retranscription des observations infirmières sur le dossier de santé de l'élève ;
- le suivi des avis infirmiers donnés aux familles ;
- l'orientation de l'élève vers le professionnel adapté, si l'urgence le justifie ;
- le signalement au médecin de l'Éducation nationale des enfants qui semblent avoir besoin d'un suivi médical personnalisé.

SUJET N° 2| DIJON-NICE, AVRIL 2019

■ SUJET

Questions de connaissances

■ Question 1

1. Définissez les acronymes PAP et PPS.
2. Quels élèves relèvent de chacun de ces dispositifs ?
3. Qui en est à l'initiative ?
4. Quel peut être le rôle de l'infirmier de l'Éducation nationale dans leur mise en œuvre ?

■ Question 2

Quels sont les trois axes du parcours éducatif de santé ?

■ Question 3

Quels sont les signaux d'alerte qui doivent conduire à un dépistage des troubles visuels ?

■ Question 4

Citez dix signes d'une hypoglycémie.

■ Question 5

Quelles sont les applications pratiques qui relèvent du champ de la protection dans le domaine de la promotion de la santé à l'Éducation nationale ? Citez-en cinq.

Études de cas

■ Étude de cas 1

Vous êtes infirmier dans un lycée avec internat en milieu rural. Vous êtes appelé en pleine nuit parce qu'Amandine, 14 ans, présente un état confus. Quatre bouteilles vides d'alcool ont été retrouvées dépassant de son sac à dos par l'assistant d'éducation. Décrivez et justifiez la conduite à tenir dans le cadre de vos missions.

1. Conduite à tenir dans l'immédiat.
2. Conduite à tenir à moyen terme.
3. Conduite à tenir à long terme.

Étude de cas 2

Vous êtes nouvellement nommé dans un collège de centre-ville de 600 élèves. Vous apprenez qu'en fin d'année précédente, des vidéos montrant des élèves dénudés de l'établissement ont circulé sur les réseaux sociaux. Vous souhaitez proposer un projet de prévention qui s'inscrira dans le parcours éducatif de santé de l'élève.

1. Quelle démarche mettez-vous en œuvre ?
2. Dans quel cadre ? Donnez-en la définition et les missions.
3. Quelle en est la composition ?
4. Donnez trois exemples d'actions ou thématiques à aborder.
5. Donnez trois exemples de partenariats internes et/ou externes.

CORRIGÉ

Questions de connaissances

Question 1

1. Définissez les acronymes PAP et PPS.

PAP : plan d'accompagnement personnalisé. C'est un dispositif d'accompagnement pédagogique qui s'adresse aux élèves du premier comme du second degré qui connaissent des difficultés scolaires durables ayant pour origine un ou plusieurs troubles des apprentissages et pour lesquels des aménagements et adaptations de nature pédagogique sont nécessaires, afin qu'ils puissent poursuivre leur parcours scolaire dans les meilleures conditions, en référence aux objectifs du cycle.

Les familles peuvent également saisir la maison départementale des personnes handicapées (MDPH) lorsque ces aménagements et adaptations pédagogiques ne suffisent pas à répondre aux besoins des élèves (orientation).

PPS : projet personnalisé de scolarisation. C'est une des composantes du plan de compensation. C'est un document écrit qui définit et coordonne les modalités de scolarisation et les actions pédagogiques, psychologiques, éducatives, médicales et paramédicales adéquates à mettre en place pour faciliter la scolarisation de l'élève handicapé.

2. Quels élèves relèvent de chacun de ces dispositifs ?

Voir tableau ci-après.

3. Qui en est à l'initiative ?

Voir tableau ci-après.

4. Quel peut être le rôle de l'infirmier de l'Éducation nationale dans leur mise en œuvre ?

Les réponses des questions 2, 3 et 4 ont été ordonnées dans le tableau ci-dessous.

	Élèves concernés	À l'initiative de	Rôle de l'infirmier de l'Éducation nationale
PAP	Les élèves du premier et du second degré présentant des difficultés scolaires durables en raison d'un trouble des apprentissages, qui doivent bénéficier d'aménagements et d'adaptations de nature pédagogique.	Soit sur proposition du conseil des maîtres, du conseil de classe ou du chef d'établissement, soit, à tout moment de la scolarité, à la demande de l'élève majeur, ou de ses parents s'il est mineur. Le constat des troubles est fait par le médecin de l'Éducation nationale au vu de l'examen qu'il réalise.	Dans le cadre des examens ordonnés par le médecin de l'Éducation nationale, l'infirmier scolaire va effectuer des examens paramédicaux demandés par le médecin (les examens biométriques, le dépistage des troubles sensoriels, la prise de tension artérielle, le dépistage des handicaps ou anomalies du squelette...).
PPS	Tous les enfants dont la situation répond à la définition du handicap telle qu'elle est posée dans l'article 2 de la loi de 2005 : « *toute limitation d'activité ou restriction de participation à la vie en société subie dans son environnement par une personne en raison d'une altération substantielle, durable ou définitive d'une ou plusieurs fonctions physiques, sensorielles, mentales, cognitives, psychiques, d'un polyhandicap ou d'un trouble de santé invalidant* » et pour lesquels la MDPH s'est prononcée sur la situation de handicap.	la famille saisit la MDPH avec l'aide éventuelle de l'enseignant référent	L'infirmier va appliquer la feuille de route du parcours de scolarisation de l'enfant en situation de handicap concernant les actions paramédicales à mettre en place. Il doit accompagner les auxiliaires de vie scolaire, qui interviennent quelques heures par semaine, en classe, afin d'aider spécifiquement l'élève dans ses difficultés.

Question 2

Quels sont les trois axes du parcours éducatif de santé ?

De la maternelle au lycée, le parcours éducatif de santé vise à assurer 3 axes : l'éducation à la santé, la protection de la santé des élèves et la prévention des conduites à risques[1].

- L'éducation à la santé, fondée sur le développement des compétences psychosociales en lien avec le socle commun de connaissances, de compétences et de culture, afin d'accompagner chacun dans la mise en œuvre de choix responsables en matière de santé ;
- la protection de la santé des élèves, qui intègre des démarches visant à créer un climat d'établissement favorable à la santé et au bien-être de tous les membres de la communauté éducative, et des ressources disponibles pour les élèves et leurs familles en matière de santé comme les visites médicales et de dépistage, etc. ;
- la prévention des conduites à risques, ensemble des actions centrées sur une ou plusieurs problématiques de santé prioritaires ayant des dimensions éducatives et sociales (conduites addictives, alimentation et activité physique, vaccination, contraception, protection de l'enfance par exemple) qui tendent à éviter la survenue de maladies ou de traumatismes ou à maintenir et à améliorer la santé.

Le parcours éducatif de santé prépare les élèves à prendre soin d'eux-mêmes et des autres, à devenir des citoyens responsables en matière de santé individuelle et collective. L'égalité entre les filles et les garçons en est un enjeu transversal majeur.

Question 3

Quels sont les signaux d'alerte qui doivent conduire à un dépistage des troubles visuels ?

Dans le cadre du dépistage infirmier, ce professionnel est habilité à dépister des troubles sensoriels dont les troubles touchant l'acuité visuelle. Les signaux d'alerte que peut relever l'infirmier seront généralement avancés par les enseignants. Cela peut être une lenteur d'exécution, fatigabilité, dyspraxie, écriture illisible, lecture trop rapprochée, gêne à la vision de loin, confusion de lettres, fatigue à la lecture, céphalées, clignements et plissements des paupières, rougeur et picotements oculaires. Toute difficulté à la réalisation des tâches nécessitant une attention visuelle doit faire rechercher un trouble visuel.

1. www.education.gouv.fr/cid109047/le-parcours-educatif-de-sante.html

Le médecin ou l'infirmier scolaire disposent de tests faciles à mettre en œuvre pour examiner l'acuité visuelle de l'élève comme la mesure de l'acuité visuelle de près et de loin (par exemple le test de vision des couleurs : recherche de dyschromatopsie).

Question 4

Citez dix signes d'une hypoglycémie.

- faim brutale ;
- anxiété, tremblements, sensation de chaleur ;
- nausées ;
- sueurs ;
- pâleur ;
- tachycardie, palpitations ;
- troubles de la concentration, fatigue, troubles de l'élocution ;
- troubles moteurs, d'hyperactivité, troubles de la coordination des mouvements, tremblements, hémiparésie, diplopie, paralysie faciale ;
- troubles sensitifs, paresthésies d'un membre, paresthésies péribuccales ;
- troubles visuels ;
- convulsions focales ou généralisées ;
- confusion.

Question 5

Quelles sont les applications pratiques qui relèvent du champ de la protection dans le domaine de la promotion de la santé à l'Éducation nationale ? Citez-en cinq.

Les applications pratiques qui relèvent du champ de la protection dans le domaine de la santé à l'Éducation nationale concernent les démarches visant à créer un climat d'établissement favorable à la santé et au bien-être de tous les membres de la communauté éducative, et également les ressources disponibles pour les élèves et leurs familles en matière de santé. Nous pouvons citer comme applications pratiques :

- la création dans les rectorats de GACS (groupes académiques climat scolaire) destinés à aider les équipes de terrain à améliorer le climat de leur école ;
- la formation des personnels dans le domaine de la protection de l'enfance ;
- la diffusion aux établissements scolaires d'un outil destiné aux équipes éducatives pour les aider à mieux connaître et repérer les signes de mal-être chez les élèves et y répondre au mieux.

Le guide « Une école bienveillante face aux situations de mal-être des élèves » propose des pistes d'actions pour répondre aux signes d'alerte manifestés par les élèves et leur assurer ainsi un cadre protecteur ;

- la mise en place d'un site web collaboratif « Climat scolaire » : son objectif est le bien-être et la réussite de tous. Les enseignants peuvent y trouver des outils, résultats de recherches, expériences concrètes ;
- le parcours éducatif de santé pour tous les élèves de la maternelle au lycée. Il prépare les élèves à prendre soin d'eux-mêmes et des autres. L'égalité entre les filles et les garçons en est un enjeu transversal majeur. L'axe protection de ce parcours vise à créer un environnement favorable au bien-être de tous, grâce à des ressources disponibles comme les visites de santé (médicales et de dépistage).

Études de cas

Étude de cas 1

1. Conduite à tenir dans l'immédiat

Dans cette situation, nous sommes face à une adolescente ayant vraisemblablement consommé une grande quantité d'alcool (4 bouteilles retrouvées près d'elle). C'est une situation d'urgence vitale. Le rôle de l'infirmier scolaire sera d'abord d'assurer les premiers gestes de secours.

La quantité d'alcool consommée va engendrer chez la lycéenne des troubles évocateurs d'intoxication éthylique aiguë (IEA). Les actions infirmières immédiates seront :

- faire sortir les camarades de la lycéenne de la chambre. Demander au veilleur de nuit de l'internat de rester auprès de vous pour une aide éventuelle ;
- se présenter à la lycéenne et la rassurer ;
- interroger la lycéenne pour apprécier son état de conscience : lui demander si elle nous entend, de nous serrer la main. Si absence de réaction, vérifier qu'elle respire ;
- examiner la lycéenne : il faut examiner soigneusement, segment par segment, pour rechercher un traumatisme ou une plaie associée. En effet le sujet alcoolisé est anesthésié aussi bien physiquement que moralement. Il est donc incapable de signaler une douleur ou une sensation anormale ;
- lui prendre ses constantes : pression artérielle, pulsations, fréquence respiratoire, glycémie capillaire et température. Ces paramètres vont permettre de déceler les signes d'un coma éthylique ;
- rechercher les signes de coma éthylique : obnubilation, propos incohérents, attitude oppositionnelle, vomissements, coma calme ou hypotonique, mydriase bilatérale, diminution des ROT (réflexes ostéo-tendineux), hypothermie, hypotension, hypoglycémie, polyurie et dépression respiratoire ;

- la mettre en position latérale de sécurité (PLS) car elle peut vomir et inhaler les liquides ;
- interroger le veilleur de nuit pour savoir s'il y a eu également une prise médicamenteuse, voire faire fouiller son sac pour s'en assurer ;
- demander également au veilleur de nuit s'il est au courant d'éventuels antécédents médicaux chez cette lycéenne ;
- appeler le 15 : donner son nom, sa fonction d'infirmier scolaire, le nom du lycée, l'adresse de l'internat du lycée et la localisation de la chambre de la victime (le numéro du bâtiment). Expliciter le problème de santé de la lycéenne : intoxication éthylique suite à la consommation d'une grande quantité d'alcool (4 bouteilles), le nom de l'alcool consommé, les constantes de la victime, son état de conscience et le fait qu'elle a été mise en PLS en attendant le relais des secours. Attendre les directives du médecin régulateur ;
- en attendant les secours, rester auprès de la jeune fille et continuer de surveiller les constantes de la lycéenne ainsi qu'une éventuelle dépression respiratoire brutale, hypoglycémie ou hypothermie ;
- dès que le relais est fait avec les secours, notifier la situation d'urgence vitale sur le dossier de l'élève ainsi que toutes les actions entreprises auprès d'elle ;
- prévenir les parents de la lycéenne. Prévenir le chef d'établissement de la situation ;
- rassurer les camarades de la lycéenne.

2. Conduite à tenir à moyen terme

À la suite de cet évènement, l'infirmier devra mener une action prioritaire collective dans tout le lycée pour sensibiliser les élèves aux risques liés à la consommation d'alcool.

Certainement l'élève devra s'expliquer sur cet incident dans l'internat. Toutefois l'infirmier scolaire ne devra pas prendre parti à la sanction disciplinaire. L'infirmier scolaire a un rôle de prévention et de soins.

Concernant la lycéenne, un suivi personnalisé devra être mené par l'infirmier scolaire : à son retour au lycée, il faudra organiser un entretien personnalisé pour écouter la jeune fille sans qu'aucun jugement ne soit verbalisé à son encontre. Le but de cet entretien sera de :

- signifier à la jeune que son acte n'est pas banalisé, cela sans dramatiser ;
- essayer d'évaluer avec elle l'existence ou non de problèmes alcooliques récurrents et de problèmes associés par exemple en utilisant le questionnaire ADOSPA (adolescents et substances psychoactives) qui va aider à repérer l'usage nocif de substances psychoactives (alcool, drogue) chez l'adolescente ;
- informer sur les risques de la consommation de produits psychoactifs ;
- réfléchir à l'intérêt d'un accompagnement extérieur tout en proposant également un suivi par l'infirmier scolaire.

À SAVOIR

Le questionnaire ADOSPA est un outil de repérage qui peut être et doit être utilisé également en dehors des épisodes d'alcoolisation. Ne pas hésiter à le mettre en avant à l'infirmerie. Cet outil permet d'ouvrir le dialogue avec le jeune sur sa consommation d'alcool.

LES PIÈGES À ÉVITER LORS DE LA PRISE EN CHARGE D'UN ÉLÈVE AYANT EU UN ÉPISODE D'ALCOOLISATION

- Rentrer dans le jeu de l'élève ou de ses camarades.
- Négliger la possibilité d'autres causes d'agitation isolées ou associées : pathologie organique, psychiatrique, intoxications, médicaments.
- Surestimer ou sous-estimer le rôle de l'alcool dans l'état de l'individu. Ex : un jeune qui boit régulièrement a une tolérance qui diminuera les signes d'imprégnation alcoolique.
- Sous-estimer la protection nécessaire à l'individu alcoolisé.
- Sous-estimer la surveillance.
- Ne pas penser à la possibilité de traumatismes.

3. Conduite à tenir à long terme

En tant qu'infirmier scolaire, il est primordial de mettre en place une campagne de sensibilisation dans le lycée. De plus, le rôle de l'ensemble des professionnels de l'établissement scolaire est important dans la prévention et la préservation de la santé des jeunes, indépendamment de la sanction.
Pour cela il est important d'organiser une réunion avec tous les intervenants du lycée (y compris les veilleurs de nuit) pour les former à la prévention des conduites addictives à l'alcool chez les jeunes. Cette formation portera essentiellement sur le dépistage des épisodes d'alcoolisation chez les jeunes et la non-banalisation de la prise d'alcool.
L'infirmier pourra mettre en place les actions suivantes.

Auprès des professionnels de l'établissement scolaire

- Expliquer aux professionnels que l'infirmier scolaire est disponible pour aborder ce problème avec les jeunes ;
- boire avant d'aller en cours, quelle que soit la quantité, n'est pas banal : il faut le relever et le faire remonter à l'infirmier scolaire.

Auprès des lycéens

- Mettre à disposition des adolescents des dépliants qui abordent la notion d'alcoolisation ;
- créer du lien avec les adolescents : il est nécessaire de créer du lien pour mettre le jeune en confiance et permettre qu'il exprime ses préoccupations, ses attentes. La qualité de l'écoute est

essentielle. Prendre l'initiative d'aborder les questions psychosociales (concernant le moral, la vie relationnelle, les études...) ;

- maintenir le suivi avec l'adolescent : Le jeune doit percevoir que le professionnel s'investit de façon durable dans sa prise en charge. Le maintien du lien favorise un travail de prévention dans la durée : le professionnel est ainsi clairement identifié comme une personne-ressource à long terme. Il est recommandé de donner les horaires de présence, fixer un rendez-vous ;
- travailler avec des structures en réseau, ainsi le jeune aura une prise en charge globale. Quand cela est possible, adresser le jeune à une personne et pas à une structure, en organisant le suivi et en expliquant le rôle de ce professionnel et les raisons pour lesquels il apparait important de le rencontrer ;
- identifier les professionnels habitués à suivre le jeune ;
- organiser en accord avec le jeune et son entourage les échanges et la correspondance.

Étude de cas 2

1. Quelle démarche mettez-vous en œuvre ?

Il s'agit d'une démarche projet qui obéit à 3 étapes qui sont concevoir, conduire, évaluer.

RAPPEL

Le parcours éducatif de santé a été créé par la loi n° 2013-595 du 8 juillet 2013 d'orientation et de programmation pour la refondation de l'école de la République et défini par la circulaire n° 2016-008 du 28 janvier 2016 qui introduit un nouveau paradigme de la promotion de la santé en milieu scolaire. Ce paradigme a pour sa part été réaffirmé par la loi n° 2016-41 du 26 janvier 2016 de modernisation de notre système de santé.

La prévention est un des 3 axes du parcours éducatif de santé de l'élève. L'axe prévention regroupe les actions centrées sur une ou plusieurs problématiques de santé prioritaires ayant des dimensions éducatives et sociales (conduites addictives, alimentation et activité physique, vaccination, contraception, protection de l'enfance...). Dans notre situation, il va s'agir de mener une campagne de prévention sur la publication de photos intimes sur les réseaux sociaux. C'est une véritable démarche projet qui va débuter par un diagnostic précis de la situation de ce collège. Pour cela il est indispensable de se rapprocher des familles et des acteurs locaux du territoire. Ces actions doivent répondre aux besoins des élèves d'un territoire scolaire identifié et proposer des actions réalisables en fonction des ressources.

La démarche de projet dans le cadre d'un parcours éducatif de santé est décrite dans le tableau ci-après. Elle comporte 9 étapes. L'ordre des étapes est à moduler et à adapter en fonction de chaque projet. La démarche de projet ne constitue pas un cadre rigide à suivre au pied de la lettre, mais consiste plutôt en un schéma général dont on peut largement s'inspirer.

ÉTAPES	ACTIONS	COMMENTAIRES
ÉTAPE 1	Définir l'équipe projet	Un projet ne peut exister que s'il est porté par un groupe de personnes : c'est l'équipe projet. Elle doit être visible et légitimée au sein de l'établissement, reconnue par le CESC, le conseil d'école ou le conseil d'administration.
ÉTAPE 2	Analyser la situation et définir les priorités pour établir un diagnostic.	L'analyse se base sur un recueil d'information qui peut prendre plusieurs formes : questionnaires, entretiens, analyse de documents. Cela permet « d'objectiver » la situation et de dégager des besoins. Ensuite, il convient de hiérarchiser ces besoins afin de dégager des priorités.
ÉTAPE 3	Définir les objectifs	Il s'agit de formuler le but à atteindre. Il donne le sens du projet, et mobilise l'équipe et les partenaires. Il est repris au niveau de la communication sur le projet, et fait également partie de l'évaluation. Les objectifs doivent être SMART : S : spécifiques (l'objectif concerne une population spécifique - les élèves de tel établissement, de tel niveau de classe...) ; M : mesurables (on doit pouvoir quantifier ce qui est mis en œuvre - en termes de pourcentages par exemple) ; A : ambitieux (l'objectif doit viser un changement certain) ; R : réalistes (l'objectif doit rester pragmatique et de l'ordre du faisable) ; T : temporalité (l'objectif doit être inscrit dans une durée, c'est-à-dire avoir un début et une fin).
ÉTAPE 4	Trouver un partenariat et, ou des intervenants extérieurs	Certains projets vont nécessiter la mobilisation de ressources externes à l'établissement scolaire : collectivités territoriales, associations, etc. Le CESC et ses déclinaisons académiques et départementales sont les instances de pilotage qui ont pour mission centrale de coordonner les partenariats institutionnels et associatifs.
ÉTAPE 5	Planifier et suivre le projet	La planification permet de prévoir les éléments nécessaires au bon déroulement du projet. Elle permet d'anticiper les éléments relatifs à l'organisation et aux ressources (moyens humains, financiers, matériels...), de prévoir la durée du projet et de hiérarchiser les différentes étapes du projet les unes par rapport aux autres. Le suivi du projet consiste à comparer périodiquement ce qui était prévu et ce qui est réellement réalisé.

ÉTAPES	ACTIONS	COMMENTAIRES
ÉTAPE 6	Mettre en place les interventions en direction des élèves	Les interventions en direction des élèves qui s'inscrivent dans une démarche de promotion de la santé doivent correspondre à un certain nombre de critères : • éthiques : respecter le choix de chacun, ne pas imposer de comportements normatifs, ne pas recourir à la culpabilisation ni à la stigmatisation, laisser la liberté de ne pas participer, respecter les différences notamment culturelles, s'abstenir de tout jugement moral et viser à réduire les inégalités sociales ; • contextuels : Il s'agit de poser des règles précises de fonctionnement du groupe. En particulier, une intervention devant les élèves n'est pas appropriée pour répondre aux situations individuelles ; • techniques : il existe un certain nombre de techniques d'animation de groupe qui ont pour but selon les cas de favoriser l'expression des représentations sur un sujet, de permettre la recherche de consensus, de faire émerger un débat. Les plans académiques de formation peuvent proposer des stages sur ces techniques d'animation de groupe.
ÉTAPE 7	Évaluer le financement éventuel	Tous les projets ne nécessitent pas de financement. Si des fonds sont nécessaires, il est possible de recourir soit à un financement interne, soit à un financement externe en demandant une subvention auprès de différents organismes régionaux ou locaux (MILDECA, agences régionales de santé, collectivités territoriales, Fondation de France...).
ÉTAPE 8	Évaluer le projet	L'évaluation ne se situe pas à la fin du projet comme cela se produit trop fréquemment, elle commence dès le début du projet. Dès la phase d'élaboration des objectifs, il s'agit de commencer à se demander ce sur quoi va porter l'évaluation et quels sont les critères qui seront retenus. Cela permet de penser tout de suite à constituer le recueil des informations nécessaires à l'évaluation. Mettre en place des indicateurs pour suivre le projet : • les indicateurs de processus qui concernent la façon dont le projet a été mis en œuvre et l'organisation de son déroulement ; • les indicateurs de résultats qui rendent compte de l'atteinte des objectifs fixés au départ.

ÉTAPES	ACTIONS	COMMENTAIRES
ÉTAPE 9	Communiquer et valoriser le projet	Le projet est présenté au conseil d'administration, sur le site de l'école ou de l'établissement, de la DSDEN (direction des services départementaux de l'Éducation nationale) ou de l'académie. La communication autour de celui-ci contribue à sa réussite car elle permet aux personnes impliquées de renforcer leur sentiment d'appartenance au projet. C'est une forme de reconnaissance qui est aussi un facteur de mobilisation sur le projet.

Source : mise en œuvre du parcours éducatif de santé - guide d'accompagnement des équipes pédagogiques et éducatives - ministère de l'Éducation nationale, de l'Enseignement supérieur et de la Recherche.

2. Dans quel cadre ? Donnez-en la définition et les missions.

Ce projet de prévention doit être présenté au Comité d'éducation à la santé et à la citoyenneté (CESC). Le Comité d'éducation à la santé et à la citoyenneté s'inscrit dans le pilotage de chaque établissement scolaire du second degré. C'est une instance de réflexion, d'observation et de proposition qui conçoit, met en œuvre et évalue un projet éducatif en matière d'éducation à la citoyenneté et à la santé et de prévention de la violence, intégrée au projet d'établissement. Le CESC organise également le partenariat en fonction des problématiques éducatives à traiter.

Ses missions sont au nombre de 6 :

- contribuer à l'éducation à la citoyenneté ;
- préparer le plan de prévention de la violence ;
- proposer des actions pour aider les parents en difficulté et lutter contre l'exclusion ;
- définir un programme d'éducation à la santé et à la sexualité et de prévention des conduites à risques ;
- mettre en place une démarche d'éducation aux bonnes postures sur le poste de travail ;
- évaluer les actions menées et en initier d'autres en s'appuyant sur les indicateurs de l'établissement ou du réseau.

3. Quelle en est la composition ?

Le CESC est présidé par le chef d'établissement et peut comprendre :

- des représentants des personnels enseignants, des parents et des élèves désignés par le chef d'établissement sur proposition des membres du conseil d'administration appartenant à leurs catégories respectives ;
- des personnels d'éducation, sociaux et de santé de l'établissement ;

• des représentants de la commune et de la collectivité de rattachement au sein de ce conseil ;
• des représentants des partenaires institutionnels (police, gendarmerie, service départemental d'incendie et de secours - SDIS - et associatifs) et un ou plusieurs représentants de la Réserve citoyenne de l'Éducation nationale.

Le chef d'établissement veille à une composition équilibrée du CESC afin d'en garantir un fonctionnement efficace. Le nombre total des membres ainsi que celui des représentants de chaque catégorie de personnels représentés est validé par le conseil d'administration. Le Comité d'éducation à la santé et à la citoyenneté est réuni régulièrement à l'initiative du chef d'établissement ou à la demande du conseil d'administration.

4. Donnez trois exemples d'actions ou thématiques à aborder.

Dans la situation décrite dans le libellé du sujet, il s'agit de vidéos montrant des élèves dénudés de l'établissement et qui ont circulé sur les réseaux sociaux. Ces comportements entrent dans le cadre de la prévention de la santé et des conduites à risque.

Les actions ou thématiques en lien avec la situation décrite dans ce collège à aborder peuvent être :

• l'éducation à la sexualité dans le but de favoriser des comportements responsables individuels et collectifs (prévention, protection de soi et des autres) ;

• la sensibilisation aux dangers d'internet et des réseaux sociaux : les principaux dangers de l'utilisation des réseaux sociaux sont abordés ainsi que la législation en vigueur en France condamnant ses mauvais usages. Les élèves sont ainsi amenés à se poser des questions sur la bonne utilisation de ces outils ;

• la sensibilisation sur les différentes applications en ligne : l'âge minimum requis est de 13 ans pour Facebook, Instagram, Youtube, Snapchat... ;

• la sensibilisation sur la limite de la liberté d'expression : la transmission sans son consentement d'images d'une personne prises dans un lieu privé et surtout dénudée ;

• la sensibilisation sur le droit à l'image : c'est le droit de toute personne physique à disposer de son image. Ce droit permet de s'opposer à l'utilisation, commerciale ou non, de son image, au nom du respect de la vie privée ;

• la sensibilisation sur les agressions sexuelles, la pédophilie, l'exhibitionnisme : les prédateurs sexuels utilisent ces outils pour approcher des jeunes.

5. Donnez trois exemples de partenariats internes et/ou externes.

• Les partenaires institutionnels (gendarmerie, police, justice, douanes, services sociaux, etc.) ;

• les partenaires académiques (rectorat, délégation académique à l'éducation artistique et à l'action culturelle [DAAC], délégation aux relations européennes, internationales et à la coopération

[DAREIC], inspecteur d'académie directeur académique des services de l'Éducation nationale [IA-DASEN], inspecteur de l'Éducation nationale 1er degré, cellule départementale chargée des CESC, chargé de mission à l'égalité filles garçons, etc.) ;

- les partenaires territoriaux (mairie, établissements publics de coopération intercommunale - EPCI) ;
- les partenaires associatifs ou mutualistes ;
- les étudiants en santé dans un continuum éducatif ;
- les services civiques ;
- l'agence régionale de la santé de la région...

LE FONCTIONNEMENT DU CESC

Le Comité d'éducation à la santé et à la citoyenneté est réuni régulièrement à l'initiative du chef d'établissement ou à la demande du conseil d'administration.

Chaque établissement détermine ses modalités de fonctionnement : calendrier des réunions, projets, participation des différents partenaires...

Les membres du CESC évaluent les projets et le bilan annuel du programme.

Les membres du CESC produisent un compte-rendu des différentes actions, qui trouve toute sa place dans le bilan et le rapport annuel de fonctionnement de l'EPLE (établissement public local d'enseignement).

Le chef d'établissement informe le conseil d'administration sur le fonctionnement et les actions du CESC.

SUJET N° 3 | PARIS-CRÉTEIL-VERSAILLES, MARS 2019

SUJET

Question 1

Vous êtes infirmier dans un collège en milieu rural.
Paul se présente à l'infirmerie suite à une chute dans les escaliers. Au cours de l'entretien, il vous signale qu'il se fait régulièrement « embêter » par d'autres élèves de sa classe et qu'il a été poussé dans les escaliers. Il est en pleurs et ne veut plus retourner en classe.

1. Donnez une définition du harcèlement. Quels autres signes pourraient vous aider à confirmer ce diagnostic ?
2. Décrivez votre démarche à court terme vis-à-vis de Paul.

Le chef d'établissement interpelle la communauté éducative pour inscrire dans le projet d'établissement un axe fort autour de la prévention du harcèlement.

3. Quelles propositions faites-vous ?
4. Sur quelle instance vous appuyez-vous ? Décrivez ses missions.

Question 2

Alors que vous êtes en réunion, vous êtes appelé en urgence pour un élève ayant une coupure à la main qui saigne abondamment.

Quelle est votre action à court, moyen et long terme ?

Question 3

Au cours du 1er trimestre, le médecin de l'Éducation nationale qui intervient sur votre secteur vous signale un élève de CP qu'il a rencontré l'année scolaire précédente en grande section de maternelle et chez qui il a constaté un IMC 23.

1. À quoi correspond l'IMC ?
2. Quelle est votre démarche individuelle et collective ?

■ CORRIGÉ

Question 1

1. Donnez une définition du harcèlement. Quels autres signes pourraient vous aider à confirmer ce diagnostic ?

Définition du harcèlement

Peter K. Smith, 2002 : « *Il s'agit d'une violence répétée (mais pas obligatoirement quotidienne), verbale, physique, psychologique perpétrée par un ou plusieurs élèves à l'encontre d'une victime, en position de faiblesse qui ne peut se défendre. L'agresseur agit dans l'intention de nuire à sa victime.* »

Les signes qui pourraient aider à confirmer ce diagnostic

- le repli sur soi avec refus d'aller vers les autres ;
- la honte ;
- le décrochage scolaire de l'élève ;
- l'anxiété ;
- la dépression ;
- le sentiment d'insécurité ;
- la somatisation avec apparition de maux de ventre, de tête, nausées ;
- les idées noires voire suicidaires.

2. Décrivez votre démarche à court terme vis-à-vis de Paul.

- Recevoir Paul en consultation. Se présenter et le rassurer sur la confidentialité des données échangées.
- Lui expliquer que les agissements de ses camarades ne sont pas pardonnables et sont très graves. Le rôle de l'infirmier va être de rassurer en permanence l'enfant tout au long de l'entretien. Le fait que l'élève se soit confié à l'infirmier démontre qu'il s'est senti en confiance et a voulu partager un malaise régulier. Le harcèlement est puni par la loi, il est donc un délit (article 222-33-2-2 du code pénal). Le rôle de l'infirmier va être de surveiller de près cet élève et de veiller également qu'il n'y ait pas d'autres élèves victimes de ce type d'agression.
- Prévenir le CPE (conseiller principal d'éducation).
- Informer tous les professeurs des agissements de ce groupe d'élèves pour qu'ils puissent être vigilants à ce type de comportements avec discrétion pour ne pas alerter l'agresseur. Le but est en effet de prendre les agresseurs en flagrant délit. Les professeurs doivent faire un retour au principal du collège ou CPE en cas d'événements suspects.

- Prévenir également les parents de cet élève pour qu'il se sente épaulé et ne soit pas seul face à cette situation d'agression.
- Expliquer à l'élève que ce groupe d'élèves va être surveillé et qu'en cas de récidive, ces élèves seront entendus et punis.
- Expliquer à l'élève que cette situation est inacceptable et qu'il doit faire confiance au corps pédagogique.
- Faire intervenir le CPE ou le principal du collège dans les classes pour parler du harcèlement et des risques que peuvent encourir les agresseurs. La situation de harcèlement semble disparaître quand l'agresseur perçoit que toute l'équipe éducative est mobilisée. Lorsque les faits sont établis, une sanction est posée pour l'agresseur ; la victime et sa famille sont informées des mesures prises.
- L'infirmier participant au conseil pédagogique dans les collèges, il doit mettre ce point à l'ordre du jour des réunions pour que les enseignants puissent y être vigilants. L'infirmier doit également rappeler à l'établissement l'obligation de mettre en place la politique de prévention du harcèlement, conformément au rapport annexé de la loi n° 2013-595 d'orientation et de refondation de l'école de la République du 8 juillet 2013.

3. Quelles propositions faites-vous ?

Les propositions à faire par l'infirmier scolaire

La prévention du harcèlement s'inscrit dans le parcours éducatif de santé. En effet, la thématique du harcèlement peut être intégrée dans les 2 axes du parcours éducatif de santé à savoir :

- la prévention : en menant des actions centrées sur une ou plusieurs problématiques de santé prioritaires ayant des dimensions éducatives et sociales : le harcèlement en fait partie. L'objectif de ces actions est d'éviter la survenue de traumatismes physiques et, ou psychologiques ;
- la protection, qui intègre des démarches visant à créer un climat d'établissement favorable à la santé et au bien-être de tous les membres de la communauté éducative : « nous assistons au harcèlement continu d'un collégien ».

En tant qu'infirmier scolaire, vous devez alerter le chef d'établissement de son obligation de doter le collège d'un dispositif de prévention du harcèlement. Il ne faut pas mener une action seulement pour la classe de ce collégien mais le faire pour la totalité du collège. Il faut impliquer l'ensemble de l'équipe éducative ainsi que les parents. Des mesures préventives doivent être prises avant même la connaissance d'un fait de harcèlement, car ce phénomène touche tous les établissements scolaires et seule une prévention précoce peut le faire diminuer :

- faire désigner un référent pour coordonner les actions. Celui-ci assurera l'interface entre les familles et le personnel de l'établissement ;

• proposer pour mener cet axe de prévention de s'appuyer sur le guide de prévention du harcèlement proposé par le ministère de l'Éducation nationale.

4. Sur quelle instance vous appuyez-vous ? Décrivez ses missions.

L'instance sur laquelle l'infirmier scolaire peut s'appuyer et ses missions

Il s'agit du CESC : le Comité d'éducation à la santé et à la citoyenneté s'inscrit dans le pilotage de chaque établissement scolaire du second degré. C'est une instance de réflexion, d'observation et de proposition qui conçoit, met en œuvre et évalue un projet éducatif en matière d'éducation à la citoyenneté et à la santé et de prévention de la violence, intégrée au projet d'établissement. Le CESC organise également le partenariat en fonction des problématiques éducatives à traiter.

Ses missions sont au nombre de 6 :

- contribuer à l'éducation à la citoyenneté ;
- préparer le plan de prévention de la violence ;
- proposer des actions pour aider les parents en difficulté et lutter contre l'exclusion ;
- définir un programme d'éducation à la santé et à la sexualité et de prévention des conduites à risques ;
- mettre en place une démarche d'éducation aux bonnes postures sur le poste de travail ;
- évaluer les actions menées et en initier d'autres en s'appuyant sur les indicateurs de l'établissement ou du réseau.

LES PARTENAIRES DANS LA PRÉVENTION DU HARCÈLEMENT

L'infirmier n'est pas seul à gérer ce type de harcèlement. Il est accompagné dans la prévention et la prise en charge de ce type d'agression par plusieurs partenaires :

- les inspecteurs de l'Éducation nationale ;
- le référent harcèlement départemental sous couvert de leur inspecteur de l'Éducation nationale ;
- les équipes mobiles de sécurité (EMS) ;
- le proviseur, le CPE et les enseignants ;
- les délégués des classes ;
- le personnel du périscolaire ;
- les agents techniques ;
- la famille.

La police nationale et/ou municipale et la gendarmerie nationale peuvent faire des interventions sur toutes formes de violences (il faut contacter la mairie).

LE HARCÈLEMENT AU REGARD DU DROIT[1]

Depuis le 4 août 2014, la loi pour l'égalité réelle entre les femmes et les hommes introduit un nouvel article 222-33-2-2 dans le code pénal libellé comme suit :

« *Le fait de harceler une personne par des propos ou comportements répétés ayant pour objet ou pour effet une dégradation de ses conditions de vie se traduisant par une altération de sa santé physique ou mentale est puni d'un an d'emprisonnement et de 15 000 euros d'amende lorsque ces faits ont causé une incapacité totale de travail inférieure ou égale à huit jours ou n'ont entraîné aucune incapacité de travail.*

Les faits mentionnés au premier alinéa sont punis de deux ans d'emprisonnement et de 30 000 euros d'amende :

1° Lorsqu'ils ont causé une incapacité totale de travail supérieure à huit jours ;

2° Lorsqu'ils ont été commis sur un mineur de quinze ans ;

3° Lorsqu'ils ont été commis sur une personne dont la particulière vulnérabilité, due à son âge, à une maladie, à une infirmité, à une déficience physique ou psychique ou à un état de grossesse, est apparente ou connue de leur auteur ;

4° Lorsqu'ils ont été commis par l'utilisation d'un service de communication au public en ligne.

Les faits mentionnés au premier alinéa sont punis de trois ans d'emprisonnement et de 45 000 euros d'amende lorsqu'ils sont commis dans deux des circonstances mentionnées aux 1° à 4°. »

Le harcèlement moral est donc explicitement reconnu comme un délit. Il devient une incrimination autonome en dehors de la sphère professionnelle ou de la vie de couple. Il peut donc concerner le harcèlement entre pairs en milieu scolaire et également le cyber harcèlement. Les familles peuvent désormais déposer une plainte sur le fondement de cet article.

En outre, en vertu de l'article 40 du code de procédure pénale, il appartient à tout fonctionnaire de signaler à l'autorité judiciaire les faits susceptibles de constituer une infraction pénale - ici un délit. Une vigilance particulière sur les faits de harcèlement est donc à instaurer.

L'article cité vise le harcèlement moral ou psychologique. Mais le harcèlement peut également renvoyer à des actes susceptibles de recevoir d'autres qualifications pénales : injure, violences légères, voies de fait, discriminations, etc....

1. Ministère de l'Éducation nationale, « Non au harcèlement : Que faire pour agir contre le harcèlement dans mon école ? », septembre 2015.

Question 2

Quelle est votre action à court, moyen et long terme ?

Les interventions infirmières face à un élève ayant une coupure à la main avec un saignement abondant sont les suivantes.

À court et moyen terme :

- se présenter à l'élève ;
- le rassurer et rester calme ;
- éloigner les autres élèves de lui ;
- l'allonger sauf si gêne respiratoire ;
- se laver soigneusement les mains à l'eau et au savon et mettre des gants ;
- toute plaie localisée dans une main est considérée comme une plaie pouvant être grave. D'où l'utilité d'un examen clinique approfondi de la plaie ;
- examiner la plaie au niveau de la main : localisation, profondeur – atteinte artérielle, des tendons ? Plaie déchiquetée ? Présence de corps étranger ? Si la plaie contient un corps étranger : on attend les consignes du 15 et on ne sort pas le corps étranger (peut aggraver le saignement ou la lésion) ;
- laver la plaie à l'eau et au savon ;
- désinfecter avec un désinfectant incolore ;
- en fonction des résultats de l'examen clinique immédiat et du saignement abondant, poser une compresse stérile et comprimer avec la main gantée toute la plaie pour arrêter le saignement ;
- maintenir la compression jusqu'à l'arrivée des secours. Ne pas faire de garrot ;
- interroger l'élève : les circonstances de l'accident (lors d'un exercice, en chutant ? Avec un objet tranchant ? Avec un outil ? Un projectile ? Suite à une morsure ?). Tout en l'interrogeant, évaluer son état général (sa conscience ? présence de pâleur ?), lui prendre ses constantes (pression artérielle, pulsations). La vue du sang chez un jeune peut être très impressionnante. Continuer à le rassurer ;
- questionner les éventuels antécédents médicaux, chirurgicaux ainsi que la prise de médicaments ;
- continuer de surveiller la plaie : le saignement est-il toujours important ?
- Contacter le 15 en donnant son nom, celui de l'établissement scolaire, le lieu où se trouve l'élève ;
- expliquer la situation au médecin régulateur ;
- appliquer les instructions données ;
- continuer de surveiller l'élève ;
- contacter l'administration de l'établissement scolaire pour les aviser de l'accident ;

• contacter les parents pour les informer de l'accident. En fonction des directives des secours, les aviser que leur enfant a été transféré vers l'établissement de santé le plus proche ou leur demander de venir conduire leur enfant ;

• tracer toutes les actions infirmières sur le dossier de l'élève en notant également la décision prise suite à cette prise en charge : élève emmené par ses parents pour le conduire vers l'hôpital ou transfert de l'élève par les pompiers vers l'établissement de santé.

À long terme :

• prendre des nouvelles de l'élève à son retour dans l'établissement ;

• en fonction des soins réalisés à l'hôpital, voir avec les parents de l'élève s'il y a des soins à réaliser à l'infirmerie.

Question 3

3. À quoi correspond l'IMC ?

L'IMC

L'IMC est l'indice de masse corporelle. C'est le rapport entre le poids en kilogrammes et la taille en mètre au carré : IMC = Poids/Taille.

RAPPEL

Les courbes de corpulence françaises sont établies en percentiles. L'insuffisance pondérale est définie par un IMC inférieur au 3e percentile, tandis que le surpoids est défini par un IMC au-delà de la courbe du 97e percentile.

En se référant aux courbes de corpulence du PNNS 2010 adaptées à la pratique clinique, on retient les définitions suivantes :

• insuffisance pondérale : IMC < 3e percentile ;

• corpulence normale : 3e ≤ IMC < 97e percentile ;

• surpoids, incluant l'obésité : IMC ≥ 97e percentile ;

• l'obésité est une forme sévère de surpoids, qui débute à partir du seuil IOTF-30[2] (seuil de définition de l'obésité).

2. *International Obesity Task Force*

4. Quelle est votre démarche individuelle et collective ?

La démarche individuelle en tant qu'infirmier scolaire :

Avec un IMC à 23 chez cet enfant de 6 ans, nous sommes face à un surpoids incluant l'obésité (IMC > au 97e percentile).

Le surpoids résulte souvent du déséquilibre de la balance énergétique : plus d'apports et moins de dégradation des calories consommées. Il faut donc agir sur l'activité physique. Les actions infirmières à mettre en place pourraient être :

- organiser un entretien avec les parents pour leur expliquer ce qu'est l'IMC ;
- donner une explication, sans les brusquer, au sujet des risques à court et à long terme sur la santé de leur enfant ;
- écouter les parents ainsi que l'enfant.
- instaurer un climat de confiance avec l'enfant, le rassurer et lui expliquer que vous êtes là pour l'aider. En effet, l'adhésion des parents et de l'enfant est indispensable pour mettre en place une action éducative ;
- changer les habitudes alimentaires, ce qui nécessite la participation et l'éducation de l'entourage : les orienter vers une diététicienne ;
- interroger les parents sur les habitudes alimentaires de l'enfant, ses goûts et ses activités physiques ;
- mettre en place un régime accepté par l'enfant : modification progressive en fonction de ses activités, de sa vie sociale, de son âge, de ses besoins de croissance ;
- expliquer l'importance de la prise des repas à heures régulières en évitant les grignotages ;
- insister sur l'activité physique en établissant avec les parents un programme d'activités et de loisirs pour leur enfant : réduire les phases de sédentarité en proposant de marcher plus (30 à 60 minutes par jour), monter des escaliers, faire un sport : la natation, ou autre.

La démarche collective avec les professionnels de l'établissement et les partenaires :

La prévention de l'obésité et des troubles alimentaires fait partie des thématiques du parcours éducatif de santé. L'établissement scolaire doit l'inscrire dans son projet d'établissement et également mettre en place dans l'établissement un plan de lutte contre l'obésité et les troubles alimentaires.

Il faut pour cela se baser sur le PNNS 4 2019-2023 : travailler autour de l'axe n° 2, « encourager les comportements favorables à la santé », objectif 12 : soutenir le développement de l'éducation à l'alimentation et l'activité physique en milieu scolaire dans le cadre du développement d'écoles promotrices de santé.

Cette thématique peut être conduite sous la forme d'une démarche projet dans le cadre du parcours éducatif de santé (cf. méthodologie démarche projet dans le cadre du projet éducatif de santé).

ÉTAPES	ACTIONS	COMMENTAIRES
ÉTAPE 1	Définir l'équipe projet qui va travailler sur la thématique « soutenir le développement de l'éducation à l'alimentation et l'activité physique en milieu scolaire dans le cadre du développement d'écoles promotrices de santé ».	Un projet ne peut exister que s'il est porté par un groupe de personnes : c'est l'équipe projet. Elle doit être visible et légitimée au sein de l'établissement, reconnue par le CESC, le conseil d'école ou le conseil d'administration.
ÉTAPE 2	Analyser la situation et définir les priorités pour établir un diagnostic : dans le cas de l'obésité, faire un état des lieux sur les IMC des élèves et le rapport des enfants avec l'alimentation : par exemple, questionnaires adressés aux familles et aux élèves.	L'analyse se base sur un recueil d'information qui peut prendre plusieurs formes : questionnaires, entretiens, analyse de documents... Cela permet « d'objectiver » la situation et de dégager des besoins. Ensuite, il convient de hiérarchiser ces besoins afin de dégager des priorités. En fonction des résultats des questionnaires et bilans, décider des actions prioritaires à mettre en place dans l'école primaire.
ÉTAPE 3	Définir les objectifs : • les enfants doivent avoir un rapport satisfaisant avec l'alimentation ; • les moments de repas doivent être agréables et les menus choisis par les élèves en respectant des apports équilibrés ; • mettre en avant les activités physiques dans l'école : organiser des tournois, des cross...	Il s'agit de formuler le but à atteindre. Il donne le sens du projet, et mobilise l'équipe et les partenaires. Il est repris au niveau de la communication sur le projet, et fait également partie de l'évaluation. Les objectifs doivent être « SMART » : S : spécifiques (l'objectif concerne une population spécifique – les élèves de tel établissement, de tel niveau de classe...) ; M : mesurables (on doit pouvoir quantifier ce qui est mis en œuvre – en termes de pourcentages par exemple) ; A : ambitieux (l'objectif doit viser un changement certain) ; R : réalistes (l'objectif doit rester pragmatique et de l'ordre du faisable) ; T : temporalité (l'objectif doit être inscrit dans une durée, c'est-à-dire avoir un début et une fin).

ÉTAPES	ACTIONS	COMMENTAIRES
ÉTAPE 4	Trouver un partenariat et, ou des intervenants extérieurs : • inviter les associations des mairies qui s'occupent de la jeunesse et des sports ; • inviter des clubs de sport à venir organiser des compétitions au sein de l'école ou dans le gymnase de la commune.	Certains projets vont nécessiter la mobilisation de ressources externes à l'établissement scolaire : collectivités territoriales, associations, etc. Le CESC et ses déclinaisons académiques et départementales sont les instances de pilotage qui ont pour mission centrale de coordonner les partenariats institutionnels et associatifs.
ÉTAPE 5	Planifier et suivre le projet : • suivre les élèves dans les changements entrepris à la cantine ou dans les activités sportives ; • définir des questionnaires de satisfaction aux parents et aux élèves ; • prévoir un journal sur les événements réalisés dans l'école.	La planification permet de prévoir les éléments nécessaires au bon déroulement du projet. Elle permet d'anticiper les éléments relatifs à l'organisation et aux ressources (moyens humains, financiers, matériels...), de prévoir la durée du projet et de hiérarchiser les différentes étapes du projet les unes par rapport aux autres. Le suivi du projet consiste à comparer périodiquement ce qui était prévu et ce qui est réellement réalisé.
ÉTAPE 6	Mettre en place les interventions en direction des élèves : • organiser une journée de communication sur la campagne de prévention ; • faire des interventions dans les classes en partenariat avec les instituteurs qui sont partie intégrante du projet.	Les interventions en direction des élèves qui s'inscrivent dans une démarche de promotion de la santé doivent correspondre à un certain nombre de critères : • éthiques : respecter le choix de chacun, ne pas imposer de comportements normatifs, ne pas recourir à la culpabilisation ni à la stigmatisation, laisser la liberté de ne pas participer, respecter les différences notamment culturelles, s'abstenir de tout jugement moral et viser à réduire les inégalités sociales ; • contextuels : il s'agit de poser des règles précises de fonctionnement du groupe. En particulier, une intervention devant les élèves n'est pas appropriée pour répondre aux situations individuelles ; • techniques : il existe un certain nombre de techniques d'animation de groupe qui ont pour but selon les cas de favoriser l'expression des représentations sur un sujet, de permettre la recherche de consensus, de faire émerger un débat. Les plans académiques de formation peuvent proposer des stages sur ces techniques d'animation de groupe.

ÉTAPES	ACTIONS	COMMENTAIRES
ÉTAPE 7	Évaluer le financement éventuel : • en fonction des ressources et des besoins programmés avec le CESC, définir le budget nécessaire à ces actions de prévention (coût des posters, des animations prévues...).	Tous les projets ne nécessitent pas de financement. Si des fonds sont nécessaires, il est possible de recourir soit à un financement interne, soit à un financement externe en demandant une subvention auprès de différents organismes régionaux ou locaux (MILDECA, agences régionales de santé, collectivités territoriales, Fondation de France...)
ÉTAPE 8	Évaluer le projet : • faire un bilan des actions entreprises : efficacité, influence de ce dispositif auprès des parents et des élèves ; • les actions non atteintes seront reprises en priorité avec un planning de suivi.	L'évaluation ne se situe pas à la fin du projet comme cela se produit trop fréquemment, elle commence dès le début du projet. Dès la phase d'élaboration des objectifs, il s'agit de commencer à se demander ce sur quoi va porter l'évaluation et quels sont les critères qui seront retenus. Cela permet de penser tout de suite à constituer le recueil des informations nécessaires à l'évaluation. Mettre en place des indicateurs pour suivre le projet : • les indicateurs de processus qui concernent la façon dont le projet a été mis en œuvre et l'organisation de son déroulement ; • les indicateurs de résultats qui rendent compte de l'atteinte des objectifs fixés au départ.
ÉTAPE 9	Communiquer et valoriser le projet : • publier un journal et le diffuser aux instances, aux parents et aux élèves sur les actions réalisées ; • valoriser l'équipe des professionnels et également l'association des parents d'élèves.	Le projet est présenté au conseil d'administration, sur le site de l'école ou de l'établissement, de la DSDEN (direction des services départementaux de l'Éducation nationale) ou de l'académie. La communication autour de celui-ci contribue à sa réussite car elle permet aux personnes impliquées de renforcer leur sentiment d'appartenance au projet. C'est une forme de reconnaissance qui est aussi un facteur de mobilisation sur le projet.

Pour aller plus loin : https://solidarites-sante.gouv.fr/IMG/pdf/pnns4_2019-2023.pdf

SUJET N° 4 | NICE, AVRIL 2018

SUJET

Question 1

Caroline, élève de 14 ans scolarisée en 4e dans votre collège, arrive en pleurant à l'infirmerie accompagnée de Sylvie, son amie. Son attitude est prostrée et vous n'arrivez pas à croiser son regard. Sa copine vous explique alors qu'elle est très inquiète pour Caroline et sa santé. En disant cela, elle regarde avec insistance Caroline qui est habillée de manches longues alors même qu'il fait très chaud. Après avoir remercié Sylvie et l'avoir félicitée de sa démarche, vous la renvoyez en classe. Vous entamez alors un entretien avec Caroline. Elle finit par vous confier, rassurée par la confidentialité, qu'elle a des idées noires et qu'au plus fort de ses angoisses, elle est obligée de se scarifier pour aller mieux.

1. Que cherchez-vous comme éléments pour poser votre diagnostic infirmier ?

Il semble que l'origine de ses angoisses soit une situation de harcèlement sur les réseaux sociaux avec des élèves de collège, mais elle vous rappelle que vous êtes liée par le secret professionnel et exige que vous n'en parliez à personne.

2. Pouvez-vous en parler à quelqu'un ? Si oui, à qui et dans quels objectifs ?

3. Quelles actions proposeriez-vous ? Avec quels partenaires ?

Question 2

Vous êtes infirmier dans un collège, vous êtes alerté pour Paul, élève de 6e, qui fait un malaise en cours d'histoire. À votre arrivée dans la classe, il est allongé sur le sol, inconscient.

1. Quelle est la conduite à tenir dans l'urgence ?

La famille avertie vous précise que Paul vient d'être diagnostiqué « épileptique ».

2. Quel est votre rôle propre : au sein de l'établissement, pour l'élève à son retour, et auprès de sa famille ?

CORRIGÉ

Question 1

1. Que cherchez-vous comme éléments pour poser votre diagnostic infirmier ?

Les éléments à retenir :

• les signes cliniques décrits dans le texte : les scarifications sur les bras (le nombre, l'étendue des plaies) ;

• les signes psychologiques : attitude prostrée, idées noires avec angoisses : risque suicidaire.

Mener un entretien avec Caroline :

- laisser parler la jeune fille,
- respecter ses silences,
- l'interroger sur ses angoisses : quand ? Comment cela se produit-il ?,
- l'interroger sur ses habitudes de vie (sommeil...), ses habitudes alimentaires, son état général (nausées-vomissements, douleurs abdominales...),
- la questionner sur les liens sociaux : avec sa famille (tristesse, absence de joie de vivre ou difficulté à éprouver du plaisir...), ses amis, sur sa scolarité (décrochage scolaire ? ennui...).

2. Pouvez-vous en parler à quelqu'un ? Si oui, à qui et dans quels objectifs ?

LE SECRET PROFESSIONNEL PEUT ÊTRE LEVÉ DANS CERTAINES CONDITIONS

L'article 226-14 1° du code pénal (CP) n'est pas applicable « *à celui qui informe les autorités judiciaires, médicales ou administratives de privations ou de sévices (...) dont il a eu connaissance et qui ont été infligés à un mineur de moins de quinze ans ou à une personne qui n'est pas en mesure de se protéger en raison de son âge ou de son état physique ou psychique* ».

Les règles professionnelles régissant le statut d'infirmier ont été modifiées par le décret du 25 novembre 2016, article R. 4312-18[1] : « *Lorsqu'un infirmier ou une infirmière discerne dans l'exercice de sa profession qu'un mineur est victime de sévices ou de privations, il doit mettre en œuvre les moyens les plus adéquats pour le protéger, en n'hésitant pas, si cela est nécessaire, à alerter les autorités médicales ou administratives compétentes lorsqu'il s'agit d'un mineur de 15 ans.* ».

1. www.legifrance.gouv.fr/

Pour tous les professionnels de santé (et donc les infirmiers), l'article 226-14 du code pénal introduit la possibilité encadrée pour le professionnel, de ne pas être pénalement poursuivi en cas de révélation d'une information à caractère secret. Il s'agit des « *limites à l'obligation de se taire* ». Dans certains cas le professionnel est « *autorisé à parler* », selon sa liberté de conscience et dans d'autres il a « *obligation de parler* » car s'il ne le fait pas il tombe sous le coup de la non-assistance à personne en danger (article 223-6 du code pénal).

En tant qu'infirmier scolaire, il faut aviser :

- les parents de Caroline ou son tuteur. L'objectif est de protéger Caroline hors de l'école ;
- le médecin scolaire doit être également informé pour évaluer l'état général de Caroline et au besoin faire un signalement à l'organisme départemental chargé de la protection de l'enfance ;
- après accord de Caroline et de ses parents, il est possible d'informer le chef d'établissement, le CPE, l'assistante sociale pour signaler les faits de harcèlement envers Caroline et identifier les harceleurs. Ils doivent expliquer à la famille qu'elle a le droit de porter plainte contre les élèves identifiés.

3. Quelles actions proposeriez-vous ? Avec quels partenaires ?

LE HARCÈLEMENT

Définition de Peter K. Smith, 2002 : « *il s'agit d'une violence répétée (mais pas obligatoirement quotidienne), verbale, physique, psychologique perpétrée par un ou plusieurs élèves à l'encontre d'une victime, en position de faiblesse qui ne peut se défendre. L'agresseur agit dans l'intention de nuire à sa victime.* »

Actions	Partenaires	Objectifs
La sensibilisation aux problèmes de harcèlement en milieu scolaire	L'équipe pédagogique L'assistante sociale Les délégués de classe Tous les élèves	Une prise de conscience de tous : repérer les signes d'un élève harcelé (élève qui mange seul, élève qui se fait systématiquement « doubler » dans la file d'attente, élève à côté de qui d'autres élèves déjeunent sans lui parler ou qui se lèvent quand il arrive, élève qui se fait voler son dessert, son pain systématiquement...)
La formation sur les phénomènes de violence et de boucs émissaires	Le CPE L'équipe pédagogique L'assistante sociale	Comprendre et acquérir les postures face aux violences des jeunes (une écoute bienveillante et un regard vigilant...)
Informer hors de l'école	Les parents d'élèves Les représentants des parents d'élèves	Les associer aux projets mis en place
	La collectivité territoriale	Être un appui pour les établissements scolaires (les actes de harcèlement peuvent se poursuivre en dehors de l'école : sur le trajet, dans le bus...)
Prévenir en inscrivant le harcèlement dans le projet d'établissement	Le chef d'établissement L'équipe pédagogique	Mettre en place une politique préventive dans l'établissement ; intégrer cette thématique dans le règlement intérieur et dans le Comité d'éducation à la santé et à la citoyenneté (contribuer à l'éducation à la citoyenneté...)

Question 2

1. Quelle est la conduite à tenir dans l'urgence ?

- Isoler Paul des autres élèves en les faisant s'éloigner de lui ;
- observer l'état général de Paul, les éventuels signes de détresse respiratoire : examiner sa respiration en prenant sa fréquence respiratoire et ses pulsations ; a-t-il perdu conscience ? Peut-il s'exprimer ? ;
- mettre Paul en position latérale de sécurité ;
- appeler le SAMU au 15 en donnant les détails du malaise de Paul : contexte de la chute, ses constantes et les soins immédiats effectués ;

• prévenir ses parents en reprenant le dossier médical de Paul : y a-t-il des antécédents qui n'ont pas été inscrits sur le dossier ? Prend-il un traitement spécifique ?... ;
• prévenir la vie scolaire et le proviseur sur l'urgence en cours et le fait que les secours sont en route pour que les accès soient ouverts et qu'ils soient escortés sur le lieu de l'accident.

2. Quel est votre rôle propre : au sein de l'établissement, pour l'élève à son retour, et auprès de sa famille ?

• Inscrire l'incident sur le dossier médical de Paul ;
• noter la crise d'épilepsie diagnostiquée par le médecin et mettre à jour le dossier de Paul comme patient atteint d'épilepsie ;
• initier la mise en place du projet d'accueil individualisé (PAI) ;

PAI

Créé par le Bulletin officiel de l'Éducation nationale, (BOEN) n° 41 du 18 Nov. 99 : « *circulaire n° 99.181 du 10/11 Nov. 99, le PAI est établi à la demande de la famille par le directeur d'école ou le chef d'établissement en concertation étroite avec le médecin de l'Éducation nationale, à partir des besoins thérapeutiques précisés dans une ordonnance signée par le médecin traitant* ».

• prévenir l'ensemble de l'équipe pédagogique de la situation médicale de Paul ;
• rencontrer Paul à son retour au collège et l'informer qu'un dispositif a été mis en place pour permettre de le prendre en charge en cas de récidive de crise. Il faut le rassurer.

SUJET N° 5| AMIENS, MARS 2018

SUJET

Question 1

Vous êtes infirmier(e) dans un collège. Alors que vous êtes à l'infirmerie, un assistant d'éducation vient vous informer qu'une élève de 4e 5 s'est entaillée les veines avec une lame de rasoir pendant le cours d'histoire. L'élève est consciente et le saignement n'est pas hémorragique. En revanche, les élèves et l'enseignant sont sous le choc et en état de sidération.

Décrivez vos actions à court et moyen terme en direction de l'élève et au regard de la situation de crise.

Question 2

Lors d'une visite dans une de vos écoles de rattachement en REP, un professeur des écoles vous alerte sur une recrudescence des comportements sexistes.
Par ailleurs, vous avez également été interpellé(e) par l'animateur de l'Atelier Santé Ville sur cette problématique de quartier.

1. Définir le sexisme.

2. Dans le cadre du conseil école-collège que proposez-vous ? Vous préciserez votre place à chaque étape de la démarche de projet.

■ CORRIGÉ

Question 1

Décrivez vos actions à court et moyen terme en direction de l'élève et au regard de la situation de crise.

Comme la question le spécifie, le candidat devra d'abord expliquer ses actions immédiates concernant la situation de santé de l'élève et ensuite les actions concernant la cellule de crise face aux autres élèves et professeur, spectateurs de la situation de l'élève.

Actions immédiates :

• isoler l'adolescente des autres élèves ;

• observer son état général :

- la faire allonger,
- vérifier qu'elle est consciente en l'appelant par son prénom, et lui demander de serrer la main si elle entend,
- la rassurer,
- vérifier la plaie au niveau du poignet : l'étendue, la profondeur,
- mettre un pansement compressif sur le poignet ;

• appeler le SAMU au 15 en donnant les détails sur la plaie de l'élève : contexte de survenue de la plaie (automutilation), ses constantes et les soins immédiats effectués ;

• prévenir ses parents (ou représentants légaux) en reprenant le dossier médical de l'adolescente : y a-t-il des antécédents psychologiques ou de violence sur soi ? Prend-elle un traitement spécifique ? ;

• faire prévenir la vie scolaire et le proviseur sur la situation de la jeune fille et le fait que les secours sont en route pour que les accès soient ouverts et qu'ils soient escortés sur le lieu de l'accident.

Actions à moyen terme :

L'incident qui s'est produit avec cette jeune fille en plein cours avec ses camarades et son professeur est une situation dont il faut discuter. Cela ne doit pas être banalisé ni relativisé.

Les adolescents doivent être écoutés pour les entendre sur la situation vécue avec leur camarade.

Les parents des élèves doivent également être avisés de cet accident survenu en classe.

Une cellule psychologique doit être organisée pour rencontrer ces élèves et leur professeur. Il est nécessaire d'impliquer les autres membres de l'équipe pédagogique doivent également être impliqués.

L'infirmier scolaire a un rôle de prévention et relationnel avec les élèves. Ceci dans le but de mettre en place un dispositif de prévention primaire des conduites à risque et tentatives de suicide.
Les axes d'action de l'infirmier scolaire seront de sensibiliser les adolescents et également l'équipe pédagogique à savoir repérer certains signes révélateurs de mal-être chez l'adolescent tels que :

- modification des relations avec l'entourage ;
- repli sur soi avec tendance à l'isolement ;
- altération de l'humeur (nervosité, irritabilité, susceptibilité...) ;
- troubles du comportement (caractère fuyant, absences répétées...) ;
- fatigue persistante, troubles du sommeil.

LANCEMENT DU COMITÉ STRATÉGIQUE DE LA SANTÉ MENTALE ET DE LA PSYCHIATRIE[1]

3 axes déterminants pour la santé mentale et la psychiatrie.

Cette feuille de route répond à ces enjeux par la présentation d'un plan global déclinant 37 actions selon trois axes :

- promouvoir le bien-être mental, prévenir et repérer précocement la souffrance psychique, et prévenir le suicide ;
- garantir des parcours de soins coordonnés et soutenus par une offre en psychiatrie accessible, diversifiée et de qualité ;
- améliorer les conditions de vie et d'inclusion sociale et la citoyenneté des personnes en situation de handicap psychique.

Question 2

1. Définir le sexisme.

Le sexisme est une attitude discriminatoire adoptée à l'encontre du sexe opposé. Le Conseil de l'Europe a retenu une définition internationale qui stipule que le sexisme se définit ainsi : « *c'est une manifestation des "rapports de force historiquement inégaux" entre femmes et hommes conduisant à la discrimination et empêchant la pleine émancipation des femmes dans la société* ».

1. https://handicap.gouv.fr/presse/dossiers-de-presse/article/lancement-du-comite-strategique-de-la-sante-mentale-et-de-la-psychiatrie

2. Dans le cadre du conseil école-collège que proposez-vous ? Vous préciserez votre place à chaque étape de la démarche de projet.

LE CONSEIL ÉCOLE-COLLÈGE[2]

Le conseil école-collège (CEC) a pour objectif de renforcer la continuité pédagogique entre les premier et second degrés. Il est entré en vigueur à la rentrée scolaire de septembre 2014.
Il mène des actions pédagogiques, à tous niveaux, sur l'ensemble des cycles, en coopération avec les instances locales. Les projets qu'il élabore concernent les enseignements, les enseignants et les enseignés du premier et du second degré, c'est-à-dire les acteurs tout autant que les contenus du système éducatif.

Démarche projet : la prévention des comportements sexistes à l'école et au collège

(Introduction) L'infirmier scolaire a un rôle important dans le CEC. En effet, les actions pédagogiques visées par ce conseil entrent dans les attributions de l'infirmier scolaire. Il peut ainsi proposer des actions prioritaires suite à des constats de santé ou de comportements alarmants chez les jeunes. L'égalité des filles et des garçons est un principe fondamental inscrit dans le code de l'éducation. Ce dernier rappelle que la transmission de la valeur d'égalité entre les filles et les garçons, les femmes et les hommes, se fait dès l'école primaire. Cette politique publique est une condition nécessaire pour que, progressivement, les stéréotypes s'estompent et que d'autres modèles de comportement se construisent sans discrimination sexiste ni violence. Elle a pour finalité la constitution d'une culture de l'égalité et du respect mutuel dès le plus jeune âge.
Le CEC en tant qu'entité d'aide aux cycles du premier et du second degré, doit inscrire la thématique de la lutte contre les comportements sexistes de la maternelle au baccalauréat.

2. https://eduscol.education.fr/cid57365/le-conseil-ecole-college.html

Étapes	Descriptifs	Rôle infirmier scolaire
Préparation et analyse du besoin	Cette étape est importante car c'est elle qui va orienter le projet.	Le contexte réglementaire : rappeler la législation concernant le principe de l'égalité entre les sexes inscrit dans le code de l'éducation. Le comité interministériel du 8 mars 2018 encourage un climat scolaire serein, assure un cadre protecteur - sans comportements ni violences sexistes et entend favoriser la mixité et l'égalité en matière d'orientation[3]. Les ressources : identifier les acteurs qui vont participer activement à la démarche : l'équipe pédagogique, l'assistant de service sociale, le psychologue, le proviseur, l'inspecteur de l'Éducation nationale, l'association des parents d'élèves.
Définition des objectifs SMART[4]	Lister les objectifs à atteindre : qu'est-ce que nous cherchons au travers de cette démarche collective entre l'école et le collège ? Quel est le public visé ? élèves, parents, professionnels de l'éducation ?	L'infirmier scolaire visera à toujours orienter les professionnels participant à la démarche en insistant sur le fait que les objectifs doivent être SMART. Pour les étapes de la démarche, il y a 3 publics à viser : • agir auprès de l'équipe pédagogique ; • agir auprès des parents d'élèves ; • agir auprès des élèves.

3. https://www.education.gouv.fr/cid4006/egalite-des-filles-et-des-garcons.html
4. (Spécifiques, Mesurables, Adaptés, Réels et Temporellement définis).

Étapes	Descriptifs	Rôle infirmier scolaire
Définition de la démarche	Au vu des besoins et des objectifs à atteindre, la démarche va pouvoir être construite et les moyens (humains, matériels et financiers) prévus pour la réaliser vont être mis en place. Un rétroplanning sera également suivi. Un pilote et copilote seront désignés pour suivre la construction du projet.	Agir auprès de l'équipe pédagogique : • désigner un « référent Égalité » dans l'établissement scolaire : école et collège ; • former l'ensemble de la communauté éducative à la déconstruction des préjugés et à la prévention du harcèlement et des violences sexistes et sexuelles ; • mettre en place, dans le cadre des comités d'éducation à la santé et à la citoyenneté (CESC), des actions de sensibilisation et de formation dédiées à l'égalité des sexes ; • sensibiliser les professeurs à sanctionner plus fortement les agissements sexistes au sein des établissements scolaires (cette clause sera ajoutée dans le règlement intérieur de l'établissement qui sera signé par l'élève et ses parents). Agir auprès des parents d'élèves : • mise à disposition d'outils relatifs à l'égalité filles-garçons, les usages d'Internet et du numérique et la lutte contre le cyber-harcèlement ; • associer les parents aux actions de communication et/ou de débats sur l'égalité des sexes, la lutte contre l'homophobie, les stéréotypes de sexe... Agir auprès des élèves : • instaurer la parité dans les instances représentatives des élèves ; • promouvoir la mixité des filières et des métiers, en se fixant des objectifs chiffrés par filière et en utilisant le stage d'orientation de 3e pour faire découvrir des filières peu mixtes. Construire ensemble, professionnels de l'éducation, parents et élèves : • construire des supports de communication à destination des professionnels de l'éducation, des parents, des élèves comme des plaquettes d'information, des vidéos discussions, des ateliers santé... • répartir les actions et tâches pour chaque professionnel au vu de son expertise métier par rapport à la thématique du sexisme.

Étapes	Descriptifs	Rôle infirmier scolaire
Lancement de la démarche	Le pilote et copilote suivent les étapes de la démarche. Ils réajustent si besoin les actions en fonction de la *dead-line* prédéfinie.	L'infirmier scolaire suit la démarche en aidant les collaborateurs à réaliser leurs tâches ou actions. Rôle d'accompagnement et d'intervention lors des journées ou sessions de communication.
Évaluation de la démarche	Elle porte sur l'atteinte des objectifs fixés en amont de la démarche.	L'infirmier scolaire va suivre l'atteinte des objectifs (entretiens, réunions quotidiennes et/ou hebdomadaires, statistiques des actions réalisées...).

SUJET N° 6 | AMIENS, MARS 2017

■ SUJET

Question 1

Vous êtes infirmier dans une cité scolaire composée d'un lycée général, d'un collège et de son secteur. Une jeune fille de 16 ans vient vous voir à l'infirmerie car elle est inquiète suite à un rapport non protégé avec son petit ami lors d'une soirée, avec une consommation importante d'alcool.

1. Dans le cadre de votre rôle propre, comment prenez-vous en charge cette jeune fille, à court et moyen terme ? Sur quels textes de référence vous appuyez-vous ?

2. Faites-vous part de cette situation aux parents de la jeune fille ? En parlez-vous au chef d'établissement ? Sur quels textes de référence vous appuyez-vous ?

Question 2

Avec votre collègue infirmier du collège, vous constatez une recrudescence des conduites à risques chez les élèves, malgré les actions de prévention et d'éducation menées en amont.

1. Quel parcours peut être mis en place, de la maternelle au lycée, dans le cadre de la loi de la refondation de l'école et de la modernisation du système de santé, afin de développer une politique de promotion de la santé ?

- Quels sont les principaux axes de ce parcours ?
- Sur chacun des axes, donnez un exemple de votre action, au regard de vos missions et de la problématique repérée sur le territoire, en précisant à chaque fois les collaborations mises en œuvre.
- Quelle instance interdegré permettra de mettre en place ce parcours ? Précisez sa composition.

CORRIGÉ

Question 1

1. Dans le cadre de votre rôle propre, comment prenez-vous en charge cette jeune fille à court et à moyen terme ? Sur quels textes de référence vous appuyez-vous ?

Compréhension de la consigne du libellé du sujet :

La question comporte deux axes de réponses :

- le rôle infirmier immédiat ;
- le rôle infirmier à moyen terme.

Tout en expliquant votre rôle propre, les éléments de réponse devront s'appuyer sur un cadre réglementaire.

Il y a 2 thématiques à analyser : le rapport sexuel non protégé et la consommation importante d'alcool chez une adolescente de 16 ans.

Conseils au candidat :

Faites un tableau avec 2 colonnes : une pour les actions infirmières et l'autre pour les textes réglementaires.

Noter toutes les actions infirmières liées à votre rôle propre puis les hiérarchiser.

Actions infirmières	Textes réglementaires
Accueillir et accompagner dans le cadre de la consultation infirmière spécifique.	Conformément à la circulaire du 10/11/15*, « *l'infirmier(e) accueille tout élève ou étudiant qui le sollicite pour quelque motif que ce soit, y compris d'ordre relationnel ou psychologique, dès lors qu'il y a une incidence sur sa santé ou sa scolarité* ».
Observer, dépister et relayer dans le domaine de la santé mentale.	
Assurer un suivi et un accompagnement individuels.	
Établir les relais nécessaires au sein de l'établissement (médecins de l'Éducation nationale, assistants de service social, psychologues scolaires, conseillers d'orientation-psychologues, conseillers principaux d'éducation, enseignants...).	
Être attentif à renforcer l'écoute auprès des élèves et à assurer leur information sur leur capital santé.	

* http://www.education.gouv.fr/pid285/bulletin_officiel.html?cid_bo=91584

Actions infirmières	Textes réglementaires
Mettre en place des consultations individuelles en éducation à la santé centrées sur le besoin identifié ou problème de santé : l'éducation à la sexualité (rapport non protégé), de la contraception, de conduites addictives (consommation importante d'alcool).	La loi n° 2002-303 du 4 mars 2002 relative aux droits des malades et à la qualité du système de santé.
Fournir à l'élève ou à l'étudiant des éléments de réflexion et d'information afin de renforcer ses capacités à prendre des décisions concernant sa santé et l'accompagner vers l'autonomie.	
Donner toute information sur l'accès à la contraception ainsi que sur les relais agréés.	
Délivrer la contraception d'urgence.	Article L. 5134-1 et les articles D. 5135-5 et suivants du code de la santé publique.
Initier l'éducation à la sexualité et à la prévention des infections sexuellement transmissibles (IST)	Circulaire n° 2003-027 du 17 février 2003.

2. Faites-vous part de cette situation aux parents de la jeune fille ? En parlez-vous au chef d'établissement ? Sur quels textes de référence vous appuyez-vous ?

L'infirmier respectera le choix de l'élève de partager cette information ou non avec ses parents.
L'infirmier de l'Éducation nationale exerce sa mission dans le cadre fixé par le code de la santé publique, les actes professionnels (art R. 4311-13 à R. 4311-15) et règles professionnelles (R. 4312-1 à R. 4312-32).
En vertu des articles R. 4312-4 et R 4312-5 du code de la santé publique, les infirmiers(ières) sont tenu-e-s au secret professionnel dans les conditions et sous les réserves énoncées aux articles 226-13 et 226-14 du code pénal. « Le secret professionnel s'impose à tout infirmier ou infirmière, et à tout étudiant infirmier dans les conditions établies par la loi. Le secret couvre non seulement ce qui lui a été confié, mais aussi ce qu'il a vu, lu, entendu, constaté ou compris. »
Les infirmiers(ières) de l'Éducation nationale sont dépositaires du secret professionnel, en qualité de fonctionnaire en application de la loi n° 83-634 du 13 juillet 1983 modifiée, et dans le cadre des règles instituées dans le code pénal.

Concernant le fait de parler de cette situation au chef d'établissement, l'infirmier ne citera pas le nom de l'élève mais il abordera ce problème de rapport sexuel non protégé avec consommation d'alcool.

Le rôle de l'infirmier sera d'intégrer ces 2 thématiques prioritaires dans le volet santé du projet d'établissement ou d'école en ciblant sur l'éducation à la sexualité et à la prévention des infections sexuellement transmissibles (IST) ; et usage de produits licites (alcool).

Question 2

1. Quel parcours peut être mis en place de la maternelle au lycée, dans le cadre de la loi de la refondation de l'école et de la modernisation du système de santé, afin de développer une politique de promotion de la santé ?

- **Quels sont les principaux axes de ce parcours ?**
- **Sur chacun de ces axes, donnez un exemple de votre action, au regard de vos missions et de la problématique repérée sur le territoire, en précisant à chaque fois les collaborations mises en œuvre ?**
- **Quelle instance interdegré permettra de mettre en place ce parcours ? Précisez sa composition.**

Le parcours pouvant être mis en place de la maternelle au lycée, dans le cadre de la loi de la refondation de l'école et de la modernisation du système de santé, afin de développer une politique de promotion de la santé :
Il s'agit du parcours éducatif de santé (PES) qui a été créé par la loi n° 2013-595 du 8 juillet 2013 d'orientation et de programmation pour la refondation de l'école de la République et réaffirmé par la loi n° 2016-41 du 26 janvier 2016 de modernisation de notre système de santé.
Ce parcours éducatif en santé de la maternelle au lycée combat l'alcoolisation excessive des jeunes, encourage le dépistage des infections sexuellement transmissibles et renforce la réduction des risques, dont ceux liés aux usages de drogues.

Les 3 principaux axes de ce parcours éducatif sont :

- l'éducation à la santé, fondée sur le développement des compétences psychosociales en lien avec le socle commun de connaissances, de compétences et de culture ;
- la prévention : conduites à risques, conduites addictives, etc. ;
- la protection de la santé : environnement favorable à la santé et au bien-être.

	L'éducation à la santé, fondée sur le développement des compétences psychosociales en lien avec le socle commun de connaissances, de compétences et de culture	La prévention : conduites à risques, conduites addictives, etc.	La protection de la santé : environnement favorable à la santé et au bien-être
Un exemple de votre action, au regard de vos missions et de la problématique repérée sur le territoire	• Généraliser la prévention des conduites addictives dans toutes les classes.	• Action éducative de l'élève ciblée sur la prévention des conduites addictives ; • actions participatives favorisant l'implication et la responsabilisation des jeunes.	• Organiser les visites médicales avec le médecin scolaire (visites médicales et de dépistage, les examens systématiques et à la demande) ; • instaurer le suivi infirmier.
Les collaborations mises en œuvre	• Les acteurs de proximité non professionnels de santé ; • l'assemblée générale des délégués (AGD) ; • le conseil de la vie collégienne (CVC).	• La famille ; • les acteurs locaux du territoire.	• Le médecin traitant.

L'instance interdegré permettant de mettre en place ce parcours ainsi que sa composition :
Il s'agit du Comité d'éducation à la santé et à la citoyenneté (CESC). Il peut être interétablissement (CESCIE) ou interdegré (CESCID).
Le projet santé d'un CESCIE ou CESCID est le résultat d'une analyse commune des difficultés de santé rencontrées au sein de plusieurs établissements scolaires d'un même territoire et de la définition d'une stratégie partagée pour y faire face. Il s'inscrit dans une logique de pilotage collaboratif et participatif.

Sa composition :
- chef d'établissement ;
- enseignants ;
- directeurs d'école du réseau ;
- CPE ;
- documentalistes ;
- infirmière ;
- assistante sociale ;
- médecin de l'Éducation nationale ;
- représentants des parents et des élèves.

SUJET N° 7 | ORLÉANS, MARS 2016

SUJET

Questions 1

Un élève de sixième qui vient d'être affecté dans le collège où vous exercez se présente à l'infirmerie. Il se plaint de démangeaisons et des plaques rouges sont visibles au niveau de sa face et de son cou. Au cours de l'entretien, l'élève vous dit qu'il vient de consommer une barre chocolatée.

1. Donnez une définition de l'allergie alimentaire : mécanismes, signes et risques.

2. À la faveur de l'examen infirmier, vous remarquez un œdème des paupières et des lèvres. Quelle sera votre conduite immédiate ?

3. Quel va être votre rôle dans l'organisation du retour dans l'établissement de cet élève ? Le protocole d'accueil individualisé : définition, objectif et contenu.

CORRIGÉ

1. Donnez une définition de l'allergie alimentaire : mécanismes, signes et risques.

L'allergie alimentaire correspond à la perte de la tolérance immunologique vis-à-vis d'un aliment. Appelée aussi hypersensibilité, l'allergie alimentaire entraîne une réaction immunitaire, immédiate ou différée, chez l'individu allergique. Cette réaction est provoquée par l'immunoglobuline E (IgE) ou par une réponse cellulaire. Nous distinguons les allergies « immédiates », les plus fréquentes, des allergies « retardées » généralement réservées aux allergies de contact.

L'allergie « immédiate » (elle survient de quelques minutes à deux heures après l'ingestion de l'allergène) est une réaction en deux temps :

- la sensibilisation : phase silencieuse, le sujet se sensibilise à l'allergène (pollen, acariens...) sans ressentir le moindre symptôme. L'organisme fabrique des anticorps (IgE) qui vont se fixer sur les mastocytes (cellules participant à la défense de l'organisme) et rester en attente jusqu'au prochain contact avec l'allergène.
- la réaction allergique : après un deuxième contact avec l'allergène, celui-ci est reconnu comme « étranger » à l'organisme. Il est capturé par les IgE. Il s'ensuit un éclatement du mastocyte et libération de substances, dont l'histamine, responsables des manifestations cliniques allergiques.

L'allergie « retardée » ne fait pas intervenir d'anticorps. Elle correspond le plus souvent à un eczéma de contact. Le sujet s'expose à un premier contact. Cela permet à l'allergène de traverser la peau et de se fixer sur les cellules de Langherans, puis de migrer vers les ganglions lymphatiques où il est gardé « en mémoire ». Lors du deuxième contact avec l'allergène, cette mémoire est activée, responsable de lésions vésiculaires intradermiques visibles 48 à 72 heures après.

Les signes cliniques de l'allergie alimentaire en fonction du mécanisme de l'allergie :

Si IgE-dépendante :

- troubles digestifs : syndrome oral d'allergie, anaphylaxie digestive ;
- signes cutanés : urticaire, angio-œdème, éruption, rash ;
- troubles respiratoires : rhino-conjonctivite, crise d'asthme ;
- signes généralisés : choc anaphylactique.

Si cellulaires dépendants :

- troubles digestifs : entérocolite, proctocolite, entéropathies induites par les protéines alimentaires, maladie cœliaque ;
- signes cutanés : eczéma de contact, dermatite herpétiforme ;
- troubles respiratoires : hémosidérose pulmonaire induite par les aliments (syndrome de Heiner).

2. À la faveur de l'examen infirmier, vous remarquez un œdème des paupières et des lèvres. Quelle sera votre conduite immédiate ?

L'observation des signes cliniques chez l'adolescent qui sont l'œdème des paupières et des lèvres sont en faveur d'une allergie alimentaire suite à l'ingestion de la barre chocolatée.

Le rôle de l'infirmier :

- rassurer l'enfant ;
- le faire allonger en position demi-assise ;
- le questionner sur ses allergies connues ;
- consulter le dossier médical de l'élève pour rechercher si une allergie alimentaire avait été signalée. Si c'est le cas, normalement un protocole d'accueil individualisé a dû être fourni par les parents. Ce document permettra aux personnes devant prendre en charge l'élève en cas de réaction allergique de connaître la conduite à adopter et les médicaments à donner en fonction des symptômes observés ;
- au vu du tableau décrit dans la situation, l'élève est en train de faire un choc anaphylactique : c'est une urgence vitale. L'infirmier doit effectuer une injection d'Adrénaline®. Dans toute infirmerie, le professionnel dispose de stylos auto-piqueurs d'Adrénaline® pour ce type d'allergie ;
- appeler le SAMU (15 ou 112) et décrire les signes cliniques de l'élève et également l'injection d'Adrénaline® qui a été effectuée. Une administration de corticoïdes et antihistaminiques peut également être faite ;
- tracer sur le dossier médical de l'élève les actions infirmières effectuées ;
- prévenir les parents.

3. Quel va être votre rôle dans l'organisation du retour dans l'établissement de cet élève ? Le protocole d'accueil individualisé : définition, objectif et contenu.

Si cette allergie alimentaire n'était pas connue chez cet enfant, il faudra donc mettre en place un protocole d'accueil individualisé (PAI). Ce protocole permet à l'enfant d'être accueilli en collectivité et de suivre une scolarité normale tout en assurant le suivi de son traitement et sa sécurité au quotidien.

Élaboré à la demande des parents, le PAI est un document écrit par le directeur de l'établissement et le médecin scolaire, à partir des données transmises par le médecin traitant qui suit l'enfant et par ses parents. Le document est à rédiger de façon conjointe entre les représentants de l'établissement et les parents.

Il faudra également mettre en place une trousse identifiée au nom et prénom de l'élève qui contient les médicaments d'urgence prescrits par le médecin. Dans cette trousse sera également mise une copie du protocole d'accueil individualisé de l'élève. Les parents sont responsables du changement des médicaments (date de validité) et également en cas de changement de prescription médicale.

En cas de déplacement ou de sortie scolaire, la trousse contenant les médicaments et le protocole d'accueil individualisé doit accompagner l'élève.

La cantine scolaire est également informée de ce protocole avec les aménagements spécifiques pour l'élève. Les instructions spécifiques concernant les repas de l'élève sont également formalisées sur le PAI.

Le PAI contient les rubriques suivantes qui doivent être complétées par les parents, le responsable de l'établissement, le médecin traitant et le médecin scolaire :

- l'identification de l'élève ;
- l'engagement des différentes parties (représentant légal de l'enfant, responsable de l'établissement, médecin scolaire, le maire ou son représentant) ;
- l'identification de l'établissement et du médecin de l'Éducation nationale ;
- les personnes à prévenir (le SAMU, les parents, le médecin traitant, l'allergologue) ;
- besoins spécifiques de l'élève concerné par ce PAI (restaurant scolaire, goûters, activités d'arts plastiques...) ;
- protocole de soin d'urgence.

SUJET N° 8 | AMIENS, MARS 2016

SUJET

Question 1

Vous êtes infirmier(e) nouvellement nommé(e) dans un collège situé en REP +, fin septembre, vous mettez en place le dépistage de la 12e année.

1. Que signifie REP ? Citez deux caractéristiques.

2. Dans quel cadre ce dépistage est-il mis en place ?

3. Détaillez le contenu de ce dépistage.

Au cours de l'entretien de l'élève X, certains éléments vous alertent et vous font suspecter une situation de harcèlement.

4. À partir de quels signes évocateurs fondez-vous votre diagnostic infirmier ?

5. Donnez une définition du harcèlement.

L'élève X vous explique que depuis le CE2 il est frappé, bousculé et insulté par un même groupe d'élèves qu'il retrouve dans l'établissement.

6. Quelles actions sont à conduire à court et moyen terme dans l'établissement ?

7. Quel est votre rôle spécifique ?

Vous apprenez que cette situation n'est pas isolée au sein du réseau d'éducation prioritaire.

8. Sur quel(s) dispositif(s), partenaire(s) et instance(s), pouvez-vous vous appuyer pour mener une politique de prévention ?

9. Quels en seraient les grands axes ?

Question 2

1. Quelles sont les obligations liées à un poste infirmier(e) en internat ?

CORRIGÉ

Question 1

Vous êtes infirmier(e) nouvellement nommé(e) dans un collège situé en REP +, fin septembre, vous mettez en place le dépistage de la 12e année.

1. Que signifie REP ? Citez deux caractéristiques.

REP : réseau d'éducation prioritaire.
Caractéristiques :
- moins d'élèves par classe ;
- des heures de formation pour les enseignants ;
- des indemnités : 100 euros par mois en REP, 200 euros en REP +, où ils bénéficient en outre d'1 h 30 de décharge pédagogique par semaine pour se réunir et travailler sur des projets ;
- un soutien spécifique ;
- des financements pour effectuer des projets, des sorties, du travail en interdisciplinarité ;
- des internats de proximité.

2. Dans quel cadre ce dépistage est-il mis en place ?

Ce dépistage a été mis en place par la circulaire n° 2015-119 du 3 novembre 2015 qui reconnaît aux infirmiers scolaires en plus de leur rôle de suivi, de prévention et de soins, une mission de dépistage aux enfants scolarisés dans leur douzième année. L'élève est reçu par l'infirmier scolaire lors d'un entretien pour recenser les besoins en soins de l'enfant.

3. Détaillez le contenu de ce dépistage[1].

- Analyse des antécédents de l'enfant à partir, notamment, du carnet de santé avec l'accord des parents, en particulier l'existence d'une maladie chronique ou d'un handicap justifiant ou ayant justifié la mise en place d'un dispositif adapté. Les parents peuvent être sollicités en tant que de besoin ou assister à l'examen sur leur demande.

1. http://www.education.gouv.fr/pid285/bulletin_officiel.html?cid_bo=91594

• Entretien avec l'enfant portant notamment sur ses conditions de vie, sa santé perçue, l'expression éventuelle de difficultés ou de signes de souffrance psychique ainsi que sur son développement pubertaire.
• Prise en compte d'éventuelles observations recueillies auprès des parents et de l'équipe éducative.
• Vérification des vaccinations au vu du calendrier vaccinal en vigueur.
• Examen staturo-pondéral avec calcul de l'IMC, report des données et traçage sur les courbes du carnet de santé.
• Évaluation de la situation clinique.
• Dépistage des troubles visuels.
• Dépistage des troubles auditifs comprenant la vérification de l'acuité auditive avec un appareil audio vérificateur.
• Hygiène bucco-dentaire.
• Recommandations et conseils à l'enfant, adaptés en fonction de ses questions et des données de l'examen.
• Transmission aux parents des conclusions de cet examen incluant, le cas échéant, des recommandations et des conseils. Un courrier à destination du médecin traitant peut être remis aux parents. Le professionnel de santé qui l'effectue veille au respect de la confidentialité de cette transmission.
• Mise à disposition des données issues de cette visite aux personnels de l'Éducation nationale en charge du suivi de l'élève concerné, dans le respect du secret professionnel.
• Cette liste n'est pas limitative. Chaque professionnel de santé, dans le cadre de ses compétences, poursuivra les examens en fonction des constatations qu'il aura effectuées.

Au cours de l'entretien de l'élève X, certains éléments vous alertent et vous font suspecter une situation de harcèlement.

4. À partir de quels signes évocateurs fondez-vous votre diagnostic infirmier ?

Les signes évocateurs d'une situation de harcèlement :
• repli sur soi avec refus d'aller vers les autres ;
• la honte ;
• décrochage scolaire de l'élève ;
• l'anxiété ;
• la dépression ;

- le sentiment d'insécurité ;
- la somatisation avec apparition de maux de ventre, de tête, nausées ;
- idées noires voire suicidaires.

5. Donnez une définition du harcèlement.

Peter K. Smith, 2002 : « *Il s'agit d'une violence répétée (mais pas obligatoirement quotidienne), verbale, physique, psychologique perpétrée par un ou plusieurs élèves à l'encontre d'une victime, en position de faiblesse qui ne peut se défendre. L'agresseur agit dans l'intention de nuire à sa victime.* »

L'élève X vous explique que depuis le CE2 il est frappé, bousculé et insulté par un même groupe d'élèves qu'il retrouve dans l'établissement.

6. Quelles actions sont à conduire à court et moyen terme dans l'établissement ?

- Prévenir le CPE (conseiller principal d'éducation).
- Informer tous les professeurs des agissements de ce groupe d'élèves pour qu'ils puissent être vigilants à ce type de comportements avec discrétion pour ne pas alerter l'agresseur. Le but étant de prendre les agresseurs en flagrant délit. Ils doivent faire un retour au principal du collège ou CPE en cas d'événements suspects.
- Prévenir également les parents de cet élève pour qu'il se sente épaulé et ne soit pas seul face à cette situation d'agression.
- Expliquer à l'élève que ce groupe d'élèves va être surveillé et qu'en cas de récidive, ces élèves seront entendus et punis.
- Expliquer à l'élève que cette situation est inacceptable et qu'il doit faire confiance au corps pédagogique.
- Faire intervenir le CPE ou le principal du collège dans les classes pour parler du harcèlement et des risques que peuvent encourir les agresseurs.
- La situation de harcèlement semble disparaître quand l'agresseur perçoit que toute l'équipe éducative est mobilisée.
- Lorsque les faits sont établis, une sanction est posée pour l'agresseur ; la victime et sa famille sont informées des mesures prises.

7. Quel est votre rôle spécifique ?

Le rôle de l'infirmier va être de rassurer l'enfant et surtout de veiller à ce que l'alerte donnée aux enseignants et au proviseur soit prise en considération.
Le fait que l'élève se soit confié à l'infirmier démontre qu'il s'est senti en confiance et a voulu partager un malaise qui l'habite depuis l'école primaire.
Le harcèlement est puni par la loi, il est donc un délit (article 222-33-2-2 du code pénal). Le rôle de l'infirmier va être de surveiller de près cet élève et de veiller également qu'il n'y ait pas d'autres élèves victimes de ce type d'agression.
L'infirmier participant au conseil pédagogique dans les collèges, il doit mettre ce point à l'ordre du jour des réunions pour que les enseignants puissent y être vigilants. L'infirmier doit également rappeler à l'établissement l'obligation de mettre en place la politique de prévention du harcèlement, conformément au rapport annexé de la loi n° 2013-595 d'orientation et de refondation de l'école de la République du 8 juillet 2013.

Vous apprenez que cette situation n'est pas isolée au sein du réseau d'éducation prioritaire.

8. Sur quel(s) dispositif(s), partenaire(s) et instance(s), pouvez-vous vous appuyer pour mener une politique de prévention ?

L'infirmier n'est pas seul à gérer ce type de harcèlement. Il est accompagné dans la prévention et la prise en charge de ce type d'agression par plusieurs partenaires et instances :

- Instance régionale d'éducation et de promotion de la santé (IREPS) ;
- les Inspecteurs de l'Éducation nationale ;
- le référent harcèlement départemental sous couvert de l'inspecteur de l'Éducation nationale ;
- les équipes mobiles de sécurité (EMS) ;
- le proviseur, le CPE et les enseignants ;
- les délégués des classes ;
- personnel du périscolaire ;
- agents techniques ;
- famille.

La police nationale et/ou municipale et la gendarmerie nationale peuvent faire des interventions sur toutes formes de violences (il faut contacter la mairie).

9. Quels en seraient les grands axes[2] ?

Sensibiliser :

- informer dans les instances de l'école lors des conseils des professeurs et celui des classes ;
- règlement intérieur de l'établissement : La loi n° 2013-595 du 8 juillet 2013 prévoit, dans son rapport annexé, que chaque école et établissement réalise un plan d'actions pour lutter contre le harcèlement en milieu scolaire. La circulaire n° 2013-100 du 13 août 2013 détaille le programme d'actions du ministère ;
- information générale aux parents d'élèves : la loi du 8 juillet 2013 prévoit de mettre à disposition un espace pour les parents d'élèves et leurs délégués.

Former :

- impliquer les parents et leur expliquer qu'il est déconseillé de régler les conflits entre élèves seuls ;
- impliquer les enseignants et les autres fonctions supports de l'école (surveillants, employés de cantine...) ;
- mettre en place un dispositif de prévention du harcèlement scolaire.

Prévenir :

- tous les outils relatifs à la prévention du harcèlement sont rassemblés dans le cahier d'activités de la campagne contre le harcèlement à l'école pour le primaire (disponible sur le site, www.education.gouv.fr/nonauharcelement) ;
- initier les élèves à développer leurs compétences psycho-sociales (« Les compétences psychosociales sont la capacité d'une personne à répondre avec efficacité aux exigences et aux épreuves de la vie quotidienne. C'est l'aptitude d'une personne à maintenir un état de bien-être mental, en adaptant un comportement approprié et positif, à l'occasion des relations entretenues avec les autres, sa propre culture et son environnement »). (OMS 1993) ;
- la mise en place d'espaces de paroles avec des règles définies et connues de tous ;
- la surveillance des espaces comme les cours de récréation, les sanitaires, les cantines où les surveillants et les ATSEM sont sensibilisés à l'importance de repérer tout type de violences.

2. Ministère de l'Éducation nationale, « Non au harcèlement : Que faire pour agir contre le harcèlement dans mon école ? », septembre 2015.

Question 2

1. Quelles sont les obligations liées à un poste infirmier(e) en internat ?

La circulaire n° 2002-167 du 2 août 2002 relative au service des infirmier(e)s des établissements publics d'enseignement et de formation relevant du ministère de l'Éducation nationale comportant un internat prévoit qu'ils doivent, en contrepartie de leur logement de fonction, assurer trois nuits d'astreinte par semaine entre 21 h et 7 h, plus temps de service en soirée au cours de la plage horaire allant de 18 h à 21 h lors de la soirée précédent chaque nuit soumise à astreinte. C'est exclusivement dans ce cas que ce service peut être organisé par le chef d'établissement en concertation avec l'infirmier(e) en fonction des besoins des élèves et des actions à conduire.
Le temps d'intervention durant l'astreinte donne lieu à une récupération du temps travaillé à hauteur de 1.5 point soit 1 h 00 travaillée équivaut à 1 h 30 (le temps de déplacement est inclus dans le temps travaillé).
L'infirmier(e) doit être joignable et en mesure d'intervenir dans les meilleurs délais en cas d'urgence.
Outre ses obligations liées à sa fonction dans l'établissement, l'infirmier(e) est tenu(e) au secret professionnel.

SUJET N° 9 | ACADÉMIES DE REGROUPEMENT EST, AVRIL 2016

SUJET

Question 1 (2 points)

Quelles sont les priorités définies par la loi de refondation de l'école de la République du 8 juillet 2013 ?

Question 2 (1 point)

Date de la circulaire ou du BO en définissant les missions des infirmier(e)s de l'Éducation nationale.

Question 3 (1 point)

Vous êtes affecté(e) sur un poste avec internat : combien aurez-vous de nuits d'astreinte à effectuer dans votre établissement par semaine ?

Question 4 (0,5 point)

Vous êtes affecté(e) dans un EPLE : quel est votre supérieur hiérarchique ?

Question 5 (1,5 points)

Citez les 3 caractéristiques du harcèlement en milieu scolaire.

Question 6 (1,5 points)

Le climat scolaire est un levier pour accompagner un plan de prévention du harcèlement. Sur le site dédié « NON AU HARCÈLEMENT » le ministère de l'Éducation nationale a proposé un plan autour de 6 axes, citez 3 axes de travail possibles.

Question 7 (10,5 points)

Vous êtes infirmier(e) en poste interdegré.

Aujourd'hui en poste dans votre collège, vous accueillez, dans votre infirmerie, un élève qui vous dit qu'il a chuté au sol et qu'il s'est cogné la tête.

Question 7.1 :

Exposez votre démarche clinique :

Quelles sont les données que vous pourriez mesurer ?

Quelles sont les données que vous pourriez observer ?

Quelles sont les données que vous pourriez recueillir auprès de l'élève ou sur la fiche d'urgence ?

Question 7.2 :

Première hypothèse :

Votre analyse professionnelle ne relève pas de signes de gravité chez l'élève. Après une surveillance à l'infirmerie, alors que vous ne lui avez donné aucun traitement, vous prenez la décision de le laisser retourner en cours.

Question 7.2 A :

Quels conseils lui transmettez-vous avant son départ de l'infirmerie ?

Question 7.2 B :

Conjointement à quels interlocuteurs devez-vous communiquer des éléments en lien avec cette situation ?

Question 7.2 C :

Quels éléments communs communiquez-vous aux différents interlocuteurs ?

Question 7.2 D :

Pour une surveillance et un suivi en dehors du temps scolaire, quels autres éléments pourriez-vous transmettre ?

Question 7.3 :

Deuxième hypothèse :
Vous observez d'emblée des signes de gravité : donnez les 6 actions essentielles à mettre en œuvre pour la bonne prise en charge de cette situation.

■ CORRIGÉ

Question 1 (2 points)

Quelles sont les priorités définies par la loi de refondation de l'école de la République du 8 juillet 2013 ?

La priorité au primaire est la mesure phare de cette loi. En effet c'est au primaire que l'enfant acquiert les bases de l'apprentissage fondamental. Pour lui permettre d'apprendre dans des conditions favorables, plusieurs axes ont été mis en place :

- incitation de la scolarisation des enfants de moins de trois ans pour donner davantage de temps aux premiers apprentissages. Le rôle de l'école maternelle est déterminant, elle doit à la fois être centrée sur le développement affectif, social, sensoriel, moteur et cognitif de l'enfant, accorder une importance toute particulière à l'acquisition du langage, et préparer de manière progressive aux apprentissages fondamentaux dispensés à l'école élémentaire, sans pour autant les anticiper. Le projet de loi prévoit l'enseignement obligatoire d'une langue vivante dès le cours préparatoire (CP) ;
- enseignement moral et civique ;
- création de plus de 3 350 postes d'enseignants pour prévenir et remédier à la difficulté scolaire. C'est le dispositif « plus de maîtres que de classes ». Ainsi l'encadrement des élèves dans les zones les plus fragiles sera renforcé ainsi que la mise en place d'organisations pédagogiques innovantes ;
- adaptation du rythme scolaire : c'est la semaine de quatre jours et demi qui va permettre de mieux répartir les heures de classe sur la semaine, d'alléger la journée de classe de 45 minutes en moyenne et de programmer les séquences d'enseignement à des moments où la faculté de concentration des élèves est la plus grande ;
- planification d'activités pédagogiques complémentaires (APC) aux élèves. Ces activités organisées par les enseignants permettent d'aider les élèves lorsqu'ils rencontrent des difficultés dans leurs apprentissages, de les accompagner dans leur travail personnel ou de leur proposer toute autre activité prévue par le projet d'école. Chaque enseignant consacre 36 heures par an à ces activités avec les élèves, soit 1 heure par semaine en moyenne ;
- assistance aux directeurs d'école sur le plan administratif ;
- aide aux enseignants dans des tâches éducatives et appui dans le cadre de la mise en place de la réforme des rythmes scolaires ;
- éducation au numérique. Le projet de loi crée un service public de l'enseignement numérique ;
- formation des enseignants dans les Écoles supérieures du professorat et de l'éducation (ESPE). Ces écoles forment aux métiers du professorat et de l'éducation et proposent des préparations aux concours de recrutement ;

- création d'un Conseil national d'évaluation du système éducatif ;
- promotion de la santé : l'école a pour responsabilité l'éducation à la santé et aux comportements responsables. Elle contribue au suivi de la santé des élèves. La politique de santé à l'école se définit selon trois axes : l'éducation, la prévention et la protection.

De plus la devise de la République et le drapeau tricolore seront apposés sur la façade des établissements scolaires. La Déclaration des droits de l'homme et du citoyen du 26 août 1789 sera affichée de manière visible dans les locaux scolaires.

Question 2 (1 point)

Date de la circulaire ou du BO en définissant les missions des infirmier(e)s de l'Éducation nationale.

C'est la circulaire n° 2015-119 du 10-11-2015[1].
Les missions des infirmiers de l'Éducation nationale sont :

- l'élaboration, la mise en œuvre et l'évaluation des parcours éducatifs de santé tant individuels que collectifs ;
- l'accueil et l'accompagnement de chaque élève en fonction de ses besoins spécifiques liés à sa santé physique ou psychique. L'infirmier les aide à développer leur esprit critique, à construire leur autonomie et à élaborer un projet personnel en matière de santé. Il-elle se préoccupe également de développer la réflexion des élèves sur le sens et la portée des valeurs qui sont à la base de nos institutions, et de les préparer au plein exercice de la citoyenneté ;
- la promotion de la santé de l'ensemble des élèves, scolarisés dans les établissements d'enseignement des premier et second degrés de leurs secteurs d'intervention, et des étudiants ;
- la participation plus largement à la politique du pays en matière de prévention et d'éducation à la santé, et de lutte contre les inégalités sociales ;
- la participation aux projets d'éducation à la santé et de prévention des conduites à risque menés dans les établissements et tient ainsi globalement un rôle éducatif au sein de la communauté scolaire ;
- la formation : L'infirmier(e) contribue, dans son domaine de compétence, à la formation initiale et continue de l'ensemble des personnels de l'Éducation nationale ;
- l'observation et la surveillance épidémiologique : L'infirmier(e) a une mission d'observation et de surveillance épidémiologique, conformément aux termes de la loi n° 98-535 du 1er juillet 1998

1. education.gouv.fr

relative au renforcement de la veille sanitaire. Il recueille et exploite des données et peut être amené, à partir des éléments en sa possession, à effectuer des actions de recherche sur les indicateurs de santé ;

• la dispensation de soins spécifiques : l'organisation des soins et des urgences, la gestion des événements traumatiques, les maladies transmissibles en milieu scolaire.

Question 3 (1 point)

Vous êtes affecté(e) sur un poste avec internat : combien aurez-vous de nuits d'astreinte à effectuer dans votre établissement par semaine ?

C'est l'arrêté du 18 juin 2002 modifiant l'arrêté du 15 janvier 2002 portant application du décret n° 2000-815 du 25 août 2000 relatif à l'aménagement et à la réduction du temps de travail dans les services déconcentrés et établissements relevant du ministère de l'Éducation nationale.

« Art. 10-1. - Les infirmières et infirmiers de l'Éducation nationale logés par nécessité absolue de service dans les établissements publics d'enseignement et de formation relevant des ministres chargés de l'Éducation nationale et de l'Enseignement supérieur et comportant un internat assurent **trois nuits d'astreinte par semaine de 21 heures à 7 heures.** »

Question 4 (0,5 point)

Vous êtes affecté(e) dans un EPLE : quel est votre supérieur hiérarchique ?

EPLE : établissement public local d'enseignement. L'infirmier(e) exerce sous l'autorité du chef d'établissement d'affectation.

Question 5 (1,5 points)

Citez les 3 caractéristiques du harcèlement en milieu scolaire.[2]

La violence : c'est un rapport de force et de domination entre un ou plusieurs élèves et une ou plusieurs victimes.

La répétitivité : il s'agit d'agressions qui se répètent régulièrement durant une longue période.

2. http://www.nonauharcelement.education.gouv.fr/ressources/guides/le-harcelement-cest-quoi/

L'isolement de la victime : la victime est souvent isolée, plus petite, faible physiquement, et dans l'incapacité de se défendre.

Question 6 (1,5 points)

Le climat scolaire est un levier pour accompagner un plan de prévention du harcèlement. Sur le site dédié « NON AU HARCÈLEMENT » le ministère de l'Éducation nationale a proposé un plan autour de 6 axes, citez 3 axes de travail possibles.

Sensibiliser : nouveau clip pour les 7-11 ans diffusées sur les chaînes télévisées ; site internet dédié « education.gouv.fr/nonauharcelement » ; une journée nationale le jeudi qui suit les vacances de la Toussaint.
Prévenir : la thématique du harcèlement est abordée lors des cours d'enseignement moral et civique ; mise en place d'outils comme « que faire dans mon école ? » ; « que faire dans mon collège, lycée ? » ; « cahier d'activités dans le primaire » ; réserve citoyenne : possibilité de s'inscrire pour s'engager contre le harcèlement.
Former : renforcement de la formation des personnels (9 heures pour le 1er degré).
Prendre en charge : mise en place d'un numéro vert 3020 ; protocoles de prise en charge rénovés ; des fiches conseils pour tous.

Question 7 (10,5 points)

Vous êtes infirmier(e) en poste interdegré (collèges et écoles du secteur de recrutement).
Aujourd'hui en poste dans votre collège, vous accueillez, dans votre infirmerie, un élève qui vous dit qu'il a chuté au sol et qu'il s'est cogné la tête.

Question 7.1 :

Exposez votre démarche clinique :
Quelles sont les données que vous pourriez mesurer ?

- La douleur avec une échelle (échelle numérique de 1 à 10) et sa localisation.
- La pression artérielle.
- Les pulsations.
- La fréquence respiratoire.
- La glycémie capillaire.

Quelles sont les données que vous pourriez observer ?

- L'état de conscience : est-il interrogeable ? répond-il à la stimulation ?
- La vigilance : est-il bien éveillé ?
- La localisation du traumatisme au niveau du crâne.
- Si lors de la chute, a-t-il également eu un choc au niveau de la colonne vertébrale ?
- Si présence de plaie au niveau du cuir chevelu ? Saignement ?

Quelles sont les données que vous pourriez recueillir auprès de l'élève ou sur la fiche d'urgence ?

- S'il a perdu connaissance après le traumatisme de la tête.
- S'il a déjà eu ce type de chute.
- Ses antécédents médicaux et chirurgicaux.
- S'il prend un traitement.
- Les coordonnées des parents ou représentant légal.
- La date du dernier rappel de vaccin antitétanique.
- Sa capacité à remuer les membres, sa sensibilité au toucher.

Question 7.2 :

Première hypothèse :

Votre analyse professionnelle ne relève pas de signes de gravité chez l'élève. Après une surveillance à l'infirmerie, alors que vous ne lui avez donné aucun traitement, vous prenez la décision de le laisser retourner en cours.

Question 7.2 A :

Quels conseils lui transmettez-vous avant son départ de l'infirmerie ?

L'infirmière veillera à expliciter à l'élève les points de surveillance ci-dessous.
De plus il faut contacter les parents et leur conseiller de surveiller tout trouble pendant les prochaines 24 heures :

- du comportement ;
- de somnolence ;

- de l'activité habituelle ;
- de l'équilibre ou des vertiges lors de la marche ;
- des yeux, de la vue ;
- de la parole ;
- de la motricité, bouger un bras ou une jambe ;
- vomissement ;
- écoulement de sang ou de liquide par le nez ou les oreilles ;
- maux de tête intense et prolongé (ne pas prendre d'aspirine).

La première nuit, leur conseiller de vérifier la conscience de l'élève toutes les 3 heures. Dans le cas de l'apparition d'un ou de plusieurs de ces signes, ils devront prendre contact rapidement avec un médecin quelle que soit l'heure du jour ou de la nuit et de conduire la victime vers un hôpital afin d'effectuer des examens.

Question 7.2 B :

Conjointement à quels interlocuteurs devez-vous communiquer des éléments en lien avec cette situation ?

Les professeurs de l'élève doivent être avisés de cet accident et des recommandations de surveillance. En effet, l'élève retourne en cours : il sera donc sous leur surveillance.
Comme signalé au-dessus, les parents ou le représentant légal doivent être également informés de cet accident et des recommandations de surveillance auprès de l'adolescent.
Le chef d'établissement devra également être avisé de cet accident.

Question 7.2 C :

Quels éléments communs communiquez-vous aux différents interlocuteurs ?

Les éléments communs sont à communiquer aux professeurs de l'élève et également aux parents. Ces éléments concernent les points de surveillance et de vigilance de l'élève. Le but étant de prévenir un hématome sous-dural consécutif au traumatisme crânien suite à la chute.

Question 7.2 D :

Pour une surveillance et un suivi en dehors du temps scolaire, quels autres éléments pourriez-vous transmettre ?

Ce sont les points développés à la Question 7.2 A.

Question 7.3 :

Deuxième hypothèse :

Vous observez d'emblée des signes de gravité : donnez les 6 actions essentielles à mettre en œuvre pour la bonne prise en charge de cette situation.

ACCUEILLIR ET RASSURER :
- allonger l'adolescent et le rassurer ;
- prendre ses constantes.

OBSERVER :
- L'élève répond-il aux questions ?
- Respire-t-il sans difficulté ?
- Saigne-t-il ?
- De quoi se plaint-il ?

ALERTER le SAMU en composant le 15 :
- indiquer l'adresse détaillée du lieu de l'accident (infirmerie du collège) ;
- préciser le type d'événement (chute de sa hauteur avec traumatisme crânien) ;
- décrire l'état observé au médecin du SAMU : constantes, conscience, vigilance ;
- décrire la lésion s'il y a (aspect, surface, localisation) ;
- si possible l'âge de l'élève ;
- ne pas raccrocher le premier ;
- laisser la ligne téléphonique disponible.

APPLIQUER LES INSTRUCTIONS DU SAMU :

- rester auprès de l'adolescent ;
- surveiller l'évolution de son état ;
- continuer de le rassurer ;
- ne pas le bouger.

PRÉVENIR :

- le chef d'établissement, la famille, le service de santé scolaire, le service de vie scolaire ;
- la personne qui va accueillir des secours.

TRACER LE COMPTE-RENDU DE LA PRISE EN CHARGE :

- motif de consultations du collégien ;
- les constantes relevées ;
- les instructions données par le SAMU ;
- les soins réalisés ;
- l'évolution de l'état de santé du collégien ;
- les personnes prévenues ;
- le lieu de transfert du collégien.

SUJET N° 10 | LE PROGRAMME NATIONAL NUTRITION SANTÉ (PNNS) 2011-2015

■ SUJET

Question 1

Citer les objectifs nutritionnels de santé publique fixés par le Haut conseil de la santé publique.

Question 2

Citer les axes stratégiques du programme en illustrant d'un exemple.

Question 3

Le PNNS prévoit un plan obésité. Au cours d'un dépistage infirmier, vous constatez chez une élève de 3e un IMC à 29 :

- Qu'est-ce que l'IMC ?
- Comment le calculer ?
- Quelles sont les valeurs normales chez un adolescent de 14 ans ?
- Quelles sont les conséquences psychologiques et organiques de cette obésité chez cette adolescente ?
- Quelles seraient les actions à mettre en œuvre chez cette adolescente ?

CORRIGÉ

Question 1

Citer les objectifs nutritionnels de santé publique fixés par le Haut conseil de la santé publique.

1. Réduire l'obésité et le surpoids dans la population :
• stabiliser la prévalence de l'obésité et réduire le surpoids chez les adultes ;
• diminuer la prévalence de l'obésité et du surpoids chez les enfants et les adolescents.
2. Augmenter l'activité physique et diminuer la sédentarité à tous les âges :
• augmenter l'activité physique chez les adultes ;
• augmenter l'activité physique et lutter contre la sédentarité chez les enfants et les adolescents.
3. Améliorer les pratiques alimentaires et les apports nutritionnels, notamment chez les populations à risque :
• augmenter la consommation de fruits et légumes ;
• réduire la consommation de sel ;
• augmenter les apports en calcium dans les groupes à risque ;
• lutter contre la carence en fer chez les femmes en situation de pauvreté ;
• améliorer le statut en folates des femmes en âge de procréer ;
• promouvoir l'allaitement maternel.
4. Réduire la prévalence des pathologies nutritionnelles :
• dénutrition, troubles du comportement alimentaire.

Les objectifs nutritionnels de santé publique fixés par le Haut conseil de la santé publique, détaillés et quantifiés, sont repris dans les axes correspondants.

Question 2

Citer les axes stratégiques du programme en illustrant d'un exemple.

AXE 1 – Réduire par des actions spécifiques les inégalités sociales de santé dans le champ de la nutrition au sein d'actions générales de prévention.

Développer des actions d'éducation et d'information spécifiques par :

• la sensibilisation des personnels des caisses d'allocations familiales (et des caisses d'assurance vieillesse), à la question nutrition santé, en leur fournissant des documents (fiches, brochures) adaptés pour aborder la question lors des contacts avec les allocataires de prestations sociales ;

• la conception et la diffusion de messages nutrition et d'outils, dont le format soit adapté aux divers publics concernés par les inégalités sociales de santé en nutrition (TV, journaux gratuits).

AXE 2 - Développer l'activité physique et sportive (APS) et limiter la sédentarité.
Promouvoir un environnement propice à la pratique de l'activité physique et limiter la sédentarité par :
• la valorisation et l'encouragement des modes de transport actifs avec l'intégration de la mobilité active dans les chaînes de déplacements (en lien avec le Plan santé environnement) ;
• la mise en place d'évènements grand public pour promouvoir l'APS comme facteur de santé et de bien-être.

AXE 3 - Organiser le dépistage et la prise en charge du patient en nutrition ; diminuer la prévalence de la dénutrition.
Mieux prendre en compte la dimension nutrition en médecine ambulatoire par :
• la mise en ligne d'un outil d'appropriation du PNNS pour les médecins généralistes ;
• l'analyse de l'intérêt de définir un titre et des compétences de « médecin nutritionniste » ;
• la définition de programmes d'éducation thérapeutique du patient dans les établissements de santé et dans les prises en charge ambulatoire ;
• l'analyse des besoins de prise en charge des patients ayant une maladie nutritionnelle sévère et la proposition d'une organisation de l'offre.

AXE 4 - Valoriser le PNNS comme référence pour les actions en nutrition ainsi que l'implication des parties prenantes.
Mettre en place une stratégie de communication du PNNS par :
• la création d'un portail spécifique institutionnel d'information sur le PNNS, ses principes, ses actions, ses partenaires majeurs sources d'informations validées : www.pnns.gouv.fr (pouvant renvoyer vers diverses sources validées) ;
• la promotion du site www.mangerbouger.fr comme référence en matière d'information « nutrition et santé » sur Internet ;
• l'information régulière des médias, des professionnels concernés, des élus et du grand public sur les réalisations du PNNS ;
• le renforcement de la notoriété du logo PNNS et de ses déclinaisons ;
• la prise de parole dans des débats d'actualité pour faire valoir les messages du PNNS.

VOLET TRANSVERSAL - Formation, surveillance, évaluation et recherche.
Développer des outils de formation en nutrition par :
• le développement d'un module en ligne sur le dépistage et la prise en charge de l'obésité pour les professionnels ;
• la mise à disposition de modules de formation PNNS, selon des formats adaptés pour les enseignants, les assistantes maternelles, les salariés d'entreprises ;
• la proposition de labellisation « PNNS » de modules de formation continue produits par divers organismes, ainsi que la promotion de ces modules.

Question 3

Le PNNS prévoit un plan obésité. Au cours d'un dépistage infirmier, vous constatez chez une élève de 3e un IMC à 29 :

- **Qu'est-ce que l'IMC ?**

C'est l'indice de masse corporelle.

- **Comment le calculer ?**

C'est le rapport entre le poids en kilogrammes par la taille en mètre au carré : IMC = Poids/Taille^2

- **Quelles sont les valeurs normales chez un adolescent de 14 ans ?**

Les courbes de corpulence françaises sont établies en percentiles. L'insuffisance pondérale est définie par un IMC inférieur au 3e percentile, tandis que le surpoids est défini par un IMC au-delà de la courbe du 97e percentile.
En se référant aux courbes de corpulence du PNNS 2010 adaptées à la pratique clinique, on retient les définitions suivantes :
• insuffisance pondérale : IMC < 3e percentile ;
• corpulence normale : 3e ≤ IMC < 97e percentile ;
• surpoids, incluant l'obésité : IMC ≥ 97e percentile ;
• l'obésité est une forme sévère de surpoids, qui débute à partir du seuil IOTF-30 (seuil de définition de l'obésité).

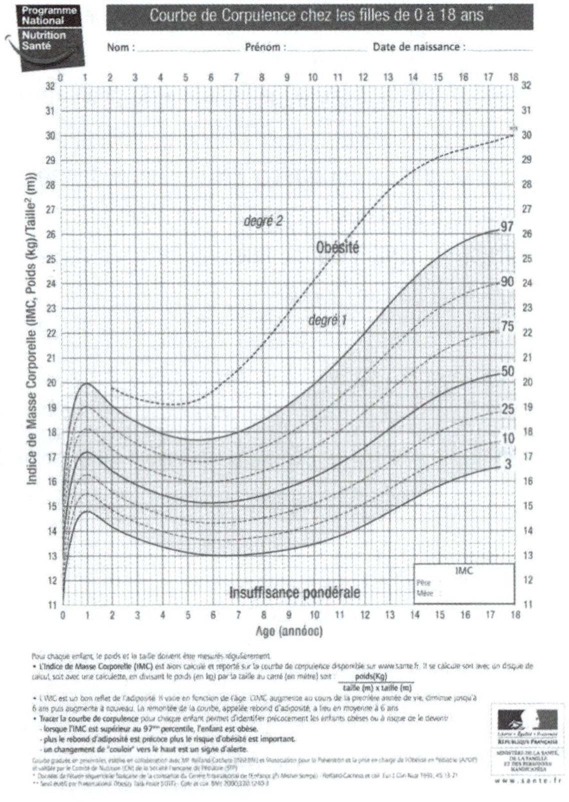

- **Quelles sont les conséquences psychologiques et organiques de cette obésité chez cette adolescente ?**

Conséquences psychologiques :

- perte de l'estime de soi avec anxiété, voire troubles dépressifs ;
- repli sur soi : effet discriminatoire : l'adolescent obèse est montré du doigt et chahuté par les autres adolescents.

Conséquences organiques, touchent 4 domaines :

- morphologiques : gynécomastie, vergetures, acné sévère, mycoses ;
- endocriniens : liés à l'hyperinsulinisme : puberté précoce ou aménorrhée ;
- cardio-vasculaires : diabète de type 2, pathologies ostéoarticulaires, respiratoires (asthme, apnée du sommeil), hyperlipidémie, hypertension ;
- ostéoarticulaires : genu valgum, atteinte de la hanche et du rachis.

• **Quelles seraient les actions à mettre en œuvre chez cette adolescente ?**

Nous sommes chez cette adolescente face à une obésité de type 1 : IMC entre 25 et 30 (> au 97e percentile).

Pour information, nous parlerons d'obésité de type 2 si IMC > 30.

Le surpoids résulte souvent du déséquilibre de la balance énergétique : plus d'apports et moins de dégradation des calories consommées. Il faut donc agir sur l'activité physique. Chez l'adolescent le surpoids est multifactoriel. Les actions infirmières à mettre en place pourraient être :

• un entretien avec l'adolescente pour lui expliquer ce qu'est l'IMC ;

• donner une explication, sans la brusquer, au sujet des risques à court et à long terme sur sa santé ;

• écouter l'adolescente ;

• instaurer un climat de confiance avec l'adolescente, la rassurer et lui expliquer que vous êtes là pour l'aider. En effet, l'adhésion de la jeune fille est indispensable pour mettre en place une action éducative ;

• changer les habitudes alimentaires, ce qui nécessite la participation et l'éducation de l'entourage : orienter vers une diététicienne ;

• interroger l'adolescente sur ses habitudes alimentaires, ses goûts et de ses activités physiques ;

• mettre en place un régime accepté par l'adolescente : modification progressive en fonction de ses activités, de sa vie sociale, de son âge, de ses besoins de croissance ;

• expliquer l'importance de la prise des repas à heures régulières en évitant les grignotages ;

• insister sur l'activité physique en établissant avec l'adolescente un programme d'activités : réduire les phases de sédentarité en proposant de marcher plus (30 à 60 mn/j), monter des escaliers, de reprendre un sport : la natation, ou autre... Ainsi plus l'adolescente se sentira mieux dans son corps, plus elle reprendra goût à la vie sociale.

SUJET N° 11 | ORLÉANS-TOURS, MARS 2015

■ SUJET

Question 1

Infirmier(e) en lycée, vous accueillez un lundi soir à 18 h 30 une jeune fille de 17 ans, interne, qui dit vouloir obtenir un renseignement rapidement. Inquiète, elle vous explique qu'elle a oublié de prendre sa contraception orale ce week-end et elle vous présente la boîte de contraceptifs.

1. Qu'est-ce qu'un contraceptif oral ?

2. Quelle sera votre démarche au regard de votre rôle propre ?

À l'issue de l'entretien, la jeune fille vous précise qu'elle a eu une relation sexuelle non protégée le vendredi soir.

3. Quelle est la conduite à tenir face à ce nouvel élément d'information ?

Question 2

Obstruction des voies aériennes par inhalation d'un corps étranger chez un lycéen : signes et conduite à tenir ?

CORRIGÉ

Question 1

Infirmier(e) en lycée, vous accueillez un lundi soir à 18 h 30 une jeune fille de 17 ans, interne, qui dit vouloir obtenir un renseignement rapidement. Inquiète, elle vous explique qu'elle a oublié de prendre sa contraception orale ce week-end et elle vous présente la boîte de contraceptifs.

1. Qu'est-ce qu'un contraceptif oral ?

Un contraceptif oral désigne un dispositif médicamenteux qui est pris par la voie buccale. Appelé communément « pilule », ce traitement agit chez la femme en bloquant l'ovulation, en amincissant l'endomètre, en modifiant la consistance de la glaire cervicale, empêchant ainsi toute implantation et passage des spermatozoïdes.

2. Quelle sera votre démarche au regard de votre rôle propre ?

Votre démarche en tant que professionnel de la santé a un but d'action éducative. Durant cet entretien d'écoute et d'éducation, l'infirmier va :

- vérifier à quelle période se trouve la jeune fille dans sa plaquette : si elle est au début ou si elle est en fin (par rapport au cycle menstruel) ;

- interroger la jeune fille pour savoir si elle a eu ou non des rapports sexuels ;

- en cas d'absence de rapports sexuels, elle devra prendre le comprimé oublié dès qu'elle s'en rend compte mais elle devra continuer sa plaquette à heure habituelle et utiliser en même temps un autre moyen de contraception comme le préservatif jusqu'à l'apparition des prochaines règles ;

- expliquer à cette jeune fille qu'elle devra être plus vigilante dans la prise de son contraceptif oral. Par exemple en lui expliquant qu'elle doit mettre en place des moyens pour éviter les distractions (alarme sur son téléphone portable, la prendre après s'être brossé les dents...).

À l'issue de l'entretien, la jeune fille vous précise qu'elle a eu une relation sexuelle non protégée le vendredi soir.

3. Quelle est la conduite à tenir face à ce nouvel élément d'information ?

La jeune fille a eu un rapport sexuel le vendredi soir en ayant oublié de prendre sa pilule deux jours de suite.

• Nous sommes au 3e jour du rapport sexuel non protégé ; il y a un risque de grossesse. Elle devra donc prendre une contraception hormonale d'urgence (vente libre et sans ordonnance en pharmacie ou gratuite dans les centres de planification familiale) qui doit rester exceptionnelle et les rapports sexuels doivent dater de moins de 72 heures. Il est 18 h 30, les centres sont presque fermés et il faut donc délivrer à la jeune fille la contraception. En effet, l'article L. 5134-1 et les articles D. 5135-5 et suivants du code de la santé publique autorisent l'infirmière scolaire à donner cette contraception. « *Dans les établissements d'enseignement du second degré, les infirmiers peuvent, en application d'un protocole national déterminé par décret, dans les cas d'urgence, administrer aux élèves mineures et majeures une contraception d'urgence. Ils s'assurent de l'accompagnement psychologique de l'élève et veillent à la mise en œuvre d'un suivi médical, notamment en orientant l'élève vers un centre de planification ou d'éducation familiale.* »[1]
Cette contraception est remboursée à 100 % par les mutuelles pour les femmes de moins de 21 ans.

Question 2

Obstruction des voies aériennes par inhalation d'un corps étranger chez un lycéen : signes et conduite à tenir ?

Les signes cliniques sont :
- accès de suffocation ;
- suivi immédiatement de quintes de toux expulsives ;
- anxiété, difficulté à parler ;
- puis d'un tirage inspiratoire entre les quintes ;
- pâleur et sueurs ;
- apnée de quelques secondes avec apparition rapide d'une cyanose.

1. www.legifrance.gouv.fr

La conduite à tenir vise à extraire le plus rapidement possible le corps étranger soit par des manœuvres manuelles immédiates, soit par des techniques en milieu hospitalier. Il s'agit d'évaluer le degré de l'obstruction, partiel ou total. Dans ce dernier cas, il s'agit d'une urgence vitale.

• Éloigner le public et isoler la victime.
• Rassurer la victime.
• Appeler le 15 et donner les premiers éléments cliniques de la situation et la localisation exacte de l'appel.
• Demander à un autre élève de prévenir un membre pédagogique du lycée pour le mettre au courant de la situation et pour qu'il puisse orienter les secours à leur arrivée dans l'établissement.
• Lui demander également d'apporter le défibrillateur semi-automatique en cas de besoin (si le patient ne respire plus et perd conscience).

Obstruction partielle

• Vérifier que le lycéen peut parler et respirer efficacement.
• Installer la victime dans la position où elle se sent le mieux (assise, demi-assise).
• Laisser la victime tousser si elle peut le faire : le réflexe de toux peut mobiliser le corps étranger.
• Observer en permanence les signes cliniques de la victime : respiration, couleur des téguments. Ces deux critères permettent de surveiller si la victime respire toujours.

Obstruction totale avec risque vital

• Le lycéen ne peut plus parler, devient cyanosé. Si l'objet n'est pas évacué, le jeune peut perdre connaissance.
• Réaliser un tapotement dans le dos de la victime entre les deux omoplates par séries de cinq.
• La manœuvre Heimlich doit être faite si le sujet est en état d'asphyxie aiguë. Cette méthode crée une hyperpression brutale intra-trachéobronchique. Cette hyperpression entraîne un déplacement de l'air contenu dans les voies aériennes, suffisamment puissant pour expulser le corps étranger vers la cavité buccale.
• En fonction de la corpulence de la victime par rapport au sauveteur :
- pratiquer cette manœuvre debout : le sauveteur, placé derrière le patient, met les bras en ceinture et appuie l'un de ses poings avec la main controlatérale contre l'épigastre. Il enfonce alors le poing violemment dans l'abdomen avec un mouvement rapide de bas en haut, recommençant plusieurs fois si nécessaire ;

- ou pratiquer cette manœuvre en mettant la victime allongée en décubitus dorsal : le sauveteur enfonce vigoureusement les deux mains superposées au niveau du creux épigastrique. Cette pression doit être violente pour être efficace et peut être à l'origine de vomissements.

• Répéter le cycle « claques dans le dos » et « compressions » : alterner cinq claques dans le dos et cinq compressions.

• En même temps, le sauveteur surveille si la victime respire ou non. Il dégage les voies aériennes en vérifiant si le corps étranger est extractible sous contrôle de la vue et débute sans tarder, si possible, une ventilation artificielle en attendant l'arrivée des secours.

• Interrompre les manœuvres dès l'apparition d'une toux, de cris ou de sons ; la reprise de la respiration ; le rejet du corps étranger.

• Installer confortablement la victime en attendant les secours et déboutonner ses vêtements.

• La victime sera quand même envoyée dans un service hospitalier pour évaluer la fonction respiratoire et vérifier qu'il n'y a pas eu de complications locales (inhalation pulmonaire). De plus, l'examen médical pourra également diagnostiquer l'étiologie de l'obstruction : mécanique ou liée à un autre problème organique.

• Si la victime perd connaissance, procéder à la réanimation cardio-pulmonaire.

• À la fin de chaque cycle de compressions thoraciques, vérifier la cavité buccale pour observer si l'objet est visible et atteignable.

• Prévenir les parents et les orienter vers l'établissement de santé où a été transféré le lycéen.

• Transcrire sur le registre de soins les observations de la situation, les actes réalisés et le mode de transfert du lycéen.

ANNEXES

ANNEXE I | ARRÊTÉ DU 23 OCTOBRE 2012 FIXANT LES RÈGLES D'ORGANISATION GÉNÉRALE, LA NATURE ET LE PROGRAMME DES ÉPREUVES DU CONCOURS DE RECRUTEMENT DES INFIRMIERS DE L'ÉDUCATION NATIONALE ET DE L'ENSEIGNEMENT SUPÉRIEUR

ARRÊTÉ

Arrêté du 23 octobre 2012 fixant les règles d'organisation générale, la nature et le programme des épreuves du concours de recrutement des infirmiers de l'Éducation nationale et de l'Enseignement supérieur.

NOR : MENH1234216A

Version consolidée au 8 juin 2015.

Le ministre de l'Éducation nationale, la ministre des Affaires sociales et de la Santé et la ministre de la Réforme de l'État, de la Décentralisation et de la Fonction publique,
Vu la loi n° 83-634 du 13 juillet 1983 modifiée portant droits et obligations des fonctionnaires, ensemble la loi n° 84-16 du 11 janvier 1984 modifiée portant dispositions statutaires relatives à la fonction publique de l'État,
Vu le décret n° 2012-762 du 9 mai 2012 portant dispositions statutaires communes aux corps d'infirmiers de catégorie A des administrations de l'État,
Arrêtent :

Article 1

Le recrutement des infirmiers de l'Éducation nationale et de l'Enseignement supérieur prévu à l'article 5 du décret du 9 mai 2012 susvisé s'effectue par voie de concours sur titres comportant une épreuve écrite d'admissibilité et une épreuve orale d'admission, selon les modalités prévues ci-après.

Article 2

Lors de leur demande d'admission à concourir, les candidats déposent un dossier comprenant :

- une copie des titres et diplômes acquis ;
- un *curriculum vitae* détaillé indiquant les formations qu'ils ont suivies, les emplois qu'ils ont éventuellement occupés, les stages qu'ils ont effectués et, le cas échéant, la nature des activités et travaux qu'ils ont réalisés ou auxquels ils ont pris part.

Article 3

La durée et le contenu des épreuves sont les suivants.

1° Épreuve écrite d'admissibilité

Réponse(s) à une ou plusieurs questions concernant l'exercice de la profession d'infirmier (durée : trois heures ; coefficient 1).

Ces questions portent sur les matières figurant au programme fixé pour l'obtention du diplôme d'État d'infirmier et sont abordées dans le cadre des missions que sont amenés à remplir les infirmiers de l'Éducation nationale et de l'Enseignement supérieur.

Cette épreuve est notée de 0 à 20.

Nul ne peut être déclaré admissible s'il n'obtient pas une note fixée par le jury qui ne peut être inférieure à 8.

2° Épreuve orale d'admission

Cette épreuve consiste en un entretien du candidat avec le jury (durée : trente minutes ; coefficient 2).

Elle débute par un exposé du candidat d'une durée de dix minutes au maximum sur sa formation et, le cas échéant, son expérience professionnelle.

Au cours de cet exposé, le candidat peut également développer, s'il le souhaite, un projet professionnel.

L'exposé est suivi d'une discussion avec le jury d'une durée de vingt minutes au minimum.

La discussion avec le jury s'engage à partir des éléments présentés par le candidat au cours de son exposé et de ceux figurant dans le dossier qu'il a déposé lors de son inscription.

Elle est destinée à apprécier la motivation et les qualités de réflexion du candidat ainsi que ses connaissances professionnelles et son aptitude à exercer sa profession au regard de l'environnement professionnel des infirmiers de l'Éducation nationale et de l'Enseignement supérieur et des missions qui leur sont dévolues.

En outre, des questions portant, notamment, sur les règles applicables à la fonction publique de l'État et à l'organisation générale des services centraux, des services déconcentrés et des établissements publics relevant du ministre chargé de l'Éducation nationale et du ministre chargé de l'Enseignement supérieur peuvent être posées par le jury.
Cette épreuve est notée de 0 à 20.
Seuls l'exposé et l'entretien avec le jury donnent lieu à notation, à l'exclusion du dossier déposé par le candidat lors de son inscription.
Nul ne peut être déclaré admis à cette épreuve s'il n'obtient pas une note fixée par le jury qui ne peut être inférieure à 10.

Article 4

À l'issue de l'épreuve écrite d'admissibilité, le jury établit par ordre alphabétique la liste des candidats autorisés à prendre part à l'épreuve orale d'admission.

Article 5

À l'issue de l'épreuve orale d'admission, le jury établit par ordre de mérite la liste des candidats définitivement admis et, le cas échéant, une liste complémentaire.
Si plusieurs candidats ont obtenu le même nombre total de points, priorité est donnée à celui qui a obtenu la note la plus élevée à l'épreuve orale d'admission.

Article 6

A modifié les dispositions suivantes :

- Abroge arrêté du 13 mai 2004 (Ab) ;
- Abroge arrêté du 13 mai 2004, art. 1 (Ab) ;
- Abroge arrêté du 13 mai 2004, art. 10 (Ab) ;
- Abroge arrêté du 13 mai 2004, art. 11 (Ab) ;
- Abroge arrêté du 13 mai 2004, art. 2 (Ab) ;
- Abroge arrêté du 13 mai 2004, art. 3 (Ab) ;
- Abroge arrêté du 13 mai 2004, art. 4 (Ab) ;
- Abroge arrêté du 13 mai 2004, art. 5 (Ab) ;
- Abroge arrêté du 13 mai 2004, art. 6 (Ab) ;
- Abroge arrêté du 13 mai 2004, art. 7 (Ab) ;
- Abroge arrêté du 13 mai 2004, art. 8 (Ab) ;
- Abroge arrêté du 13 mai 2004, art. 9 (Ab).

Article 7

La directrice générale des ressources humaines du ministère de l'Éducation nationale est chargée de l'exécution du présent arrêté, qui sera publié au *Journal officiel de la République française*.

Fait le 23 octobre 2012.

Le ministre de l'Éducation nationale,
Pour le ministre et par délégation :
La directrice générale des ressources humaines,
C. Gaudy
La ministre des Affaires sociales et de la Santé,
Pour la ministre et par délégation :
La directrice des ressources humaines,
M. Kirry
La ministre de la Réforme de l'État, de la Décentralisation et de la Fonction publique,
Pour la ministre et par délégation :
Le sous-directeur de l'animation interministérielle des politiques de ressources humaines,
L. Gravelaine

ANNEXE II | DOSSIER RAEP, RECONNAISSANCE DES ACQUIS DE L'EXPÉRIENCE PROFESSIONNELLE (CONCOURS RÉSERVÉ)

MINISTÈRE DE L'ÉDUCATION NATIONALE DE L'ENSEIGNEMENT SUPÉRIEUR ET DE LA RECHERCHE

CONCOURS RÉSERVÉ POUR L'ACCÈS AU CORPS DES INFIRMIERS DE L'ÉDUCATION NATIONALE ET DE L'ENSEIGNEMENT SUPÉRIEUR

SESSION 2015
DOSSIER DE RECONNAISSANCE DES ACQUIS DE L'EXPÉRIENCE PROFESSIONNELLE

DOSSIER À RETOURNER AU RECTORAT EN RECOMMANDÉ SIMPLE, EN TROIS EXEMPLAIRES, AU PLUS TARD LE 17 MARS 2015, LE CACHET DE LA POSTE FAISANT FOI

Le dossier devra être retourné accompagné d'une enveloppe portant l'adresse du candidat et affranchie au tarif en vigueur pour 20 grammes.

Nom : .... **Prénom :** ....

Numéro de candidat/d'inscription (champ obligatoire) : ....

À ...., le .../.../...

Signature du demandeur :

DOCUMENT DESTINÉ AU SERVICE CONCOURS DU RECTORAT
DÉCLARATION SUR L'HONNEUR

Je soussigné(e) ....

Souhaite me présenter au concours réservé d'infirmier de l'Éducation nationale et de l'Enseignement supérieur.

Récapitulatif des documents à joindre à votre ossier (cocher les cases) :
- photocopie(s) d'attestations de formation ;
- le cas échéant, deux documents, travaux ou actions au maximum.

Je déclare sur l'honneur :

❑ l'exactitude de toutes les informations figurant dans le présent dossier* ;

❑ avoir pris connaissance du règlement concernant les fausses déclarations**.

À ...., le .../.../... Signature du candidat

*selon les dispositions de l'article 20 de la loi n° 84-16 du 11 janvier 1984 modifiée, portant dispositions statutaires relatives à la fonction publique de l'État, la vérification des conditions requises pour concourir doit intervenir au plus tard à la date de la nomination.
Il ressort de ces dispositions que :
- la convocation des candidats aux épreuves ne préjuge pas de la recevabilité de leur demande d'inscription ;
- lorsque le contrôle des pièces fournies montre que des candidats ne remplissent pas les conditions requises pour faire acte de candidature, ils ne peuvent ni figurer, ni être maintenus sur la liste d'admission, ni être nommés dans le grade supérieur, qu'ils aient été ou non de bonne foi.

**En cas de fausses déclarations, le candidat est passible des sanctions pénales prévues par les articles 441-6 et 441-7 du code pénal.
La loi n° 78-17 du 6 janvier 1978 relative à l'informatique, aux fichiers et aux libertés s'applique aux réponses faites sur ce formulaire. Elle garantit au candidat un droit d'accès et de rectification pour les données personnelles le concernant auprès de l'autorité compétente.

VISA DE L'AUTORITÉ COMPÉTENTE

Je soussigné(e) ....

ayant la qualité de ....

certifie que ....

exerce dans mes services en qualité de ....

À ...., le .../.../... Signature et cachet du bureau/service

PREMIÈRE PARTIE

VOTRE IDENTITÉ

NOM DE FAMILLE : ....

NOM D'USAGE : ....

Prénom(s) : ....

Date et lieu de naissance : .../.../... ....

Adresse (n° , rue, avenue, etc.) :

....

....

Code postal : .... Ville : ....

Téléphone :

Domicile : .... Portable : ....

Bureau : ....

E-mail : ....@...

.....................................@...

VOTRE SITUATION ACTUELLE :

Cochez les cases et renseignez les champs correspondant à votre situation.

❑ **AGENT NON TITULAIRE DE DROIT PUBLIC**

Administration/Établissement : ....

Service : ....

Niveau des fonctions (A, B ou C) : ....

En exercice depuis : ....

❑ **AUTRE SITUATION** (demandeur d'emploi, salarié du secteur privé, etc.)

Précisez : ....

DEUXIÈME PARTIE

VOTRE PARCOURS DE FORMATION

LES FORMATIONS (PROFESSIONNELLES CIVILES ET MILITAIRES, STAGES, CONGÉS DE FORMATION, etc.)

Indiquez systématiquement pour chacune d'entre elles la durée exacte de la formation suivie.

PÉRIODE	DURÉE	ORGANISME DE FORMATION	SPÉCIALITÉ	INTITULÉ DE LA FORMATION ET DU TITRE ÉVENTUELLEMENT OBTENU
Du : .... Au :	....	....	....	....
Du : .... Au :	....	....	....	....
Du : .... Au :	....	....	....	....
Du : .... Au :	....	....	....	....
Du : .... Au :	....	....	....	....
Du : .... Au :	....	....	....	....
Du : .... Au :	....	....	....	....

Vous pourrez joindre une attestation de vos formations.

TROISIÈME PARTIE

VOTRE EXPÉRIENCE PROFESSIONNELLE

VOS SERVICES OU ACTIVITÉS ANTÉRIEURES EN TANT QU'AGENT PUBLIC OU DANS LE SECTEUR PRIVÉ.

Présentez dans le tableau ci-dessous tous les emplois que vous avez occupés, en commençant par l'expérience la plus récente.

PÉRIODE (EN CAS DE TEMPS PARTIEL, PRÉCISER EN % LA QUOTITÉ HEBDOMADAIRE TRAVAILLÉE)	DURÉE	NOM, ACTIVITÉ ET LIEU DE L'ORGANISME	ACTIVITÉ (EMPLOI/ FONCTION, SERVICE, NIVEAU OU CATÉGORIE A/B/C)	COMPÉTENCES ACQUISES
Du : .... Au : .... Quotité (en %)	....	....	....	....
Du : .... Au : .... Quotité (en %)	....	....	....	....
Du : .... Au : .... Quotité (en %)	....	....	....	....
Du : .... Au : .... Quotité (en %)	....	....	....	....
Du : .... Au : .... Quotité (en %)	....	....	....	....
Du : .... Au : .... Quotité (en %)	....	....	....	....

QUATRIÈME PARTIE

RAPPORT D'ACTIVITÉ

Présentez les éléments qui constituent, selon vous, les acquis de votre expérience professionnelle et vos atouts au regard des connaissances, compétences et aptitudes recherchées (1 à 2 pages dactylographiées maximum).
Vous pourrez en outre joindre ou présenter deux documents, travaux ou actions au maximum réalisés au cours de vos activités, qu'il vous paraîtrait pertinent de porter à la connaissance du jury.

....

....

....

....

....

....

....

....

....

....

....

ACCUSÉ DE RÉCEPTION DU DOSSIER DE RAEP POUR LE CONCOURS RÉSERVÉ D'INFIRMIER DE L'ÉDUCATION NATIONALE ET DE L'ENSEIGNEMENT SUPÉRIEUR 2015

À REMPLIR PAR LE CANDIDAT

Nom de famille : ....

Nom d'usage : ....

Prénom : ....

Date de naissance : .../.../...

Adresse :

....

....

CADRE RÉSERVÉ À L'ADMINISTRATION

Madame, monsieur,

DOSSIER N° : 2015/...............

Votre dossier de RAEP a été enregistré le : .../.../...

Nom et signature de l'autorité administrative

....

34/38, rue Camille-Pelletan - 92309 Levallois-Perret cedex
Imprimerie La Sepec - 01960 Péronnas - 10803200709
Imprimé en France - 3e trimestre 2020

Service éditorial : Benjamin Dias Pereira, Charlotte Debroise,
Joanna Lebailly, Deborah Lopez
Conception graphique : Catherine Aubin

Dépôt légal à parution
ISBN 978-2-7590-4493-1

PEFC 10-31-1470 / **Certifié PEFC** / Ce produit est issu de forêts gérées durablement et de sources contrôlées. / pefc-france.org